DIE REISEFIBEL

EIN HANDBUCH FÜR UNABHÄNGIGES REISEN

DIE REISEFIBEL

EIN HANDBUCH FÜR UNABHÄNGIGES REISEN

CAROLINE FINK

WERD VERLAG

Die Reisefibel orientiert sich nicht an einer bestimmten Destination, sondern richtet sich an alle, die unabhängig unterwegs sind – sei es eine ausgedehnte Reise in Asien, ein Outdoor-Erlebnis in Neuseeland oder zwei Wochen Kulturreise in Südspanien. Sie bietet handfeste Infos und viele Tipps, damit die Reisevorbereitung stressfrei gelingt und die Reise abseits der touristischen Zentren ein Genuss wird. Ein Buch für Traveller und für alle, die es werden möchten!

ISBN 3-85932-510-8

Lektorat: Rachel Camina
Buchgestaltung: Simone Pedersen
Druck: Bodan AG Druckerei und Verlag, Kreuzlingen

www.werdverlag.ch

Inhalt

Einleitung

Warum Reisen? Die Antwort ist simpel: weil die Welt noch nicht entdeckt ist! Unweit des Flughafens aus Stahl und Glas, hinter dem klimatisierten Supermarkt, nur eine Strasse entfernt vom Hotel beginnt das Abenteuer. Die Welt voller Farben und Formen, Gerüche, Geräusche, vibrierend und laut oder bedächtig und still. Eine Welt, die sich nicht in Prospekten und Bildern einfangen lässt, sondern erlebt sein will. Salz auf der Haut, den Geruch von Muskat und Zimt in der Nase!

Und warum individuell Reisen? Auf diese Frage gibt es viele Antworten. Der Sparsame sagt, weil er mehr für sein Geld kriegt, die Unabhängige, weil sie den Freiraum geniesst. Der Egoist ist glücklich, nicht in einer Gruppe zu reisen, und die Fleissige froh, die lokale Sprache besser zu lernen. Der Purist findet vielleicht sogar, alles andere sei blosse Retorte. Verschieden sind die Motivationen, doch eines steht fest: Wer individuell reist, erlebt mehr! Zugegeben, es braucht mehr Energie, seinen eigenen Weg durch unbekannte Gegenden zu schlagen, als einer Gruppe von Sehenswürdigkeit zu Sehenswürdigkeit zu folgen. Aber mal unter uns: Erholung hält – einmal zurückgekehrt – doch meist nicht länger als zwei Wochen. Erlebnisse aber bleiben ein Leben lang!

Worauf warten wir also? Brechen wir auf! Und werden wir das, wovon wir als Kinder – noch bevor wir das Wort Tourismus kannten – geträumt haben: Weltentdeckerinnen und Weltentdecker! Der vorliegende Band unterstützt Sie auf Ihren genussvollen Reisen auf eigene Faust. Nützliche Tipps und Tricks sorgen dafür, dass Sie nicht über Steine stolpern und in Schlingen treten. Das Buch eignet sich für Traveller – und für all jene, die es werden wollen.

Caroline Fink
Zürich, im April 2006

1 | *wann, wie lange und wohin?*

Die wirklich unbegrenzte Möglichkeit

Eine Reise beginnt lange bevor das Flugzeug auf dem Rollfeld aufsetzt oder das Schiff im Hafen einläuft. Eine Reise beginnt in dem Moment, in dem der Gedanke daran entsteht. Zu diesem Zeitpunkt begeben wir uns bereits an einen fremden Ort, und in diversen Überlegungen und Entscheiden nähern wir uns dem eigentlichen Reiseziel an.

Zu Beginn dieses Entscheidungsprozesses geniessen Traveller gegenüber Pauschaltouristen ein Privileg: Anstatt in Hochglanzprospekten mit schönen Fotos und bunten Preistabellen können unabhängig Reisende gleich im Weltatlas blättern! Denn: Wer individuell reist, ist weder an Termine von Reiseveranstaltern noch an die touristische Infrastruktur einer Destination gebunden. Dies heisst in Theorie nichts anderes, als dass jeder Ort der Welt, an dem Menschen leben, bereist werden kann – sei es die winzige Insel im Pazifik, eine Oase in der Wüste oder ein Inuit-Dorf nördlich des Polarkreises. Ja, mehr noch: Selbst Orte, an denen keine Menschen leben, sind – mit Zusatzausrüstung und -aufwand – grundsätzlich erreichbar.

Setzen Sie sich also hin, schliessen Sie die Augen, schlagen Sie den Atlas auf und lassen Sie Ihren Zeigefinger blind einen Punkt wählen. Nun, sofern Ihr Finger nicht gerade auf einem der Weltmeere, im Zentrum der Sahara oder dem ewigen Eis eines Gebirges liegt, befindet er sich an einem möglichen Reiseziel! Ein beinahe dreister Gedanke, nicht?

Zugegeben, dies ist ein Gedankenspiel, und es gilt nur in Theorie. In Realität müssen auch die verwegensten Traveller bei der Wahl einer Destination einige Überlegungen zu Faktoren wie klimatische Gegebenheiten oder politische Situation eines Landes anstellen. Trotzdem aber illustriert es die ungeheure Freiheit, die das Reisen auf eigene Faust in sich trägt. Individuell Reisenden bleiben unendlich viele Möglichkeiten, die Welt zu entdecken. Auf kleinen und grossen Reisen, in der Stille der Natur oder in quirligen Städten, im Nachbarland oder Tausende von Meilen entfernt. Die Wahl des Reiseziels, die Reisedauer, der Zeitpunkt und die Art der Reise hängen einzig von der Entscheidung des einzelnen Travellers ab.

Was es zu beachten gilt

Diese grosse Freiheit wird in Realität leider – oder zum Glück? – durch mehrere Faktoren beschränkt. Dazu gehören in erster Linie die Interessen und Vorlieben des Travellers. Die meisten von uns malen sich «Wunschdestinationen» oder «Traumreisen» aus. Doch es verhält sich mit dem Reisen oft ähnlich wie mit der Liebe: Nicht selten stellt sich der «Traummann» oder die «Traumfrau» bei näherer Betrachtung als eine nicht ideale Wahl heraus.

Bei der Reiseplanung ist es daher unumgänglich, bereits bei der Wahl einer Destination einige grundlegende Fragen zu klären und das Reiseziel einer ersten Überprüfung zu unterziehen. Diese Abklärungen benötigen relativ wenig Zeit und schützen Reisende doch vor bösen Überraschungen während der Reisevorbereitung (eine Planänderung ist meist mit Mehraufwand und Kosten verbunden) oder während der Reise selbst.

Im Gegensatz zur effektiven Reisevorbereitung, die mehrere Monate in Anspruch nehmen kann, sind diese ersten Abklärungen in der Regel innerhalb weniger Stunden oder Tage erledigt. Die grösste Hürde liegt darin, nicht an genügend oder nicht an die essenziellen Informationen zu kommen. In der heutigen Zeit aber, in der einerseits das Internet die Welt zum Dorf macht und andererseits auch über sehr abgelegene und unerschlossene Gegenden das eine oder andere Reisebuch verfasst wurde, wird es eher schwierig sein, eine Destination zu finden, über die weltweit keine Informationen erhältlich sind!

Ein Problem stellt sich ein, wenn die Wunschdestination in genau einem Punkt nicht den Vorstellungen des Reisenden entspricht. In diesem Fall bleibt einem nichts anderes übrig, als einen Kompromiss einzugehen oder Alternativen zu suchen. Können aber alle überprüften Punkte positiv bewertet werden, steht der Reise nichts mehr im Weg. In diesem Fall müssen Sie allerdings mit dem Schlimmsten rechnen: mit einsetzendem Reisefieber! Akute Symptome sind schlaflose Nächte, heimliches Internet-Surfen am Arbeitsplatz oder das Lesen von Reiseführern anstelle der Tageszeitung. All dies braucht Sie aber nicht zu beunruhigen. Es bedeutet einfach eines: Ihr Reiseabenteuer hat begonnen!

Freie Wahl: das grosse Privileg der Unabhängigen

Beim Entscheid, wohin eine Reise führen, wann sie stattfinden und wie lange sie dauern soll, gibt es – wie bereits erwähnt – verschiedene Punkte, die es zu beachten gilt. Im Zentrum stehen dabei zum einen Sicherheitsaspekte und klimatische Bedingungen, zum anderen die Präferenzen des Travellers.

Allererster Punkt einer Reiseplanung bildet immer die Überlegung, wohin es einen eigentlich zieht und welchen Aktivitäten man während der Reise nachgehen will. Lassen Sie Ihre Gedanken schweifen – in welche Kulturkreise wandern sie? Schlägt Ihr Herz höher beim Anblick der Wüste, des Hochgebirges oder vielleicht bei der Vorstellung von weiten Reisfeldern? Fühlen Sie sich von argentinischem Tango eher verführt als von russischen Volksliedern? Denken Sie an buddhistische Gebetsflaggen oder doch lieber an eine Hängematte? Auch bei der Wahl der Aktivitäten und Beschäftigungen unterwegs stehen unzählige Möglichkeiten offen. Je nach Vorliebe des Travellers wird es eine Kulturreise, ein Naturerlebnis, ein abenteuerliches Trekking, eine kurze Städte-, Erholungs- oder Gourmetreise oder vielleicht sogar eine Kombination aus allem.

Wer unabhängig reist, dem sind keine Grenzen gesetzt. Die Zahl der geografischen Ziele und die möglichen Aktivitäten während einer Reise sind so gut wie unendlich. Lassen Sie Ihrer Fantasie also freien Lauf, wenn es darum geht, das nächste Reiseziel festzulegen!

Das erste «Screening» – Punkte, die es zu prüfen gilt

Stehen gewisse Interessen und Aktivitäten einmal fest, sollten einige Faktoren geprüft werden. Namentlich gehören dazu das Klima, die Sicherheitslage eines Landes, Gesundheitsrisiken, Anreise- und Unterkunftsmöglichkeiten sowie die ungefähren Reisekosten. Dabei geht es nicht wie bei der späteren Reisevorbereitung um eine vertiefte Informationsbeschaffung, sondern vielmehr um ein erstes «Screening» – eine kurze Überprüfung. Ziel dabei ist es, herauszufinden, ob die Destination wirklich in Frage kommt. Meistens reicht es, ein gutes Reiseforum im Internet sowie die Sicherheitshinweise des Eidgenössischen Departements für auswärtige Angelegenheiten (EDA) zu

Die wichtigsten Faktoren, welche bei der Wahl einer Destination einer ersten, kurzen Prüfung unterzogen werden sollten, sind:
- Klimatische Bedingungen
- Politische Lage & allgemeine Sicherheit
- Gesundheitsrisiken (z. B. Malaria)
- Anreisemöglichkeiten und damit verbundene Kosten
- Unterkunftsmöglichkeiten und damit verbundene Kosten

besuchen. Auch ein Blick in einen seriösen Reiseführer ist hilfreich. Vergessen Sie dabei nicht, dass manche öffentliche Bibliotheken über grosse Bestände an aktuellen Reiseführern verfügen; besonders wenn noch mehrere Destinationen zur Auswahl stehen, lohnt es sich nicht, jeden Reiseführer zu kaufen.

Als erstes sollten Sie die Sicherheitssituation sowie die klimatischen Bedingungen während der Jahreszeit, in der Sie reisen möchten, prüfen. Obwohl der Umgang mit Sicherheit respektive mit Risiken sehr individuell ist, sollten Sie sich wohl für ein anderes Reiseziel entscheiden, falls offizielle Stellen Reisenden aus Sicherheitsgründen ausdrücklich von einer Destination abraten. Dasselbe gilt für die klimatischen Bedingungen eines Landes: Viele Orte eignen sich nur zu einer bestimmten Jahreszeit für spezifische Unternehmungen. Besonders Aktivitäten, die in der freien Natur stattfinden (z. B. Tauchen oder Wandern), sind vielerorts äusserst saisonabhängig. Generelles, was Sie punkto Klima beachten müssen: Regenzeit und Monsun, Hurrikans oder andere Stürme, die Durchschnittstemperatur tagsüber und nachts sowie die Anzahl Stunden Tageslicht. Denken Sie ausserdem daran, dass die Jahreszeiten auf der südlichen Hemisphäre umgekehrt stattfinden!

Die idealen Reisezeiten können innerhalb einer Region und abhängig von den geplanten Unternehmungen während einer Reise erheblich variieren. Eine kurze Abklärung für jede einzelne Reise ist daher empfehlenswert. Informationen finden sich in Reiseführern, im Internet (z.B. im Worldguide von www.lonelyplanet.com) oder in Reisebüros, die nicht nur Pauschalreisen anbieten.

Auch einen Blick werfen sollten zukünftige Reisende auf die potenziellen gesundheitlichen Risiken respektive die notwendigen Vorkehrungen für die zur Auswahl stehende Destination. Einerseits geht es hier vor allem darum, in Erfahrung zu bringen, ob eine Malariaprophylaxe angezeigt ist, andererseits dürfte von Interesse sein, welche Impfungen allenfalls vor der Reise gemacht werden müssten. Grundsätzlich gilt: In den seltensten Fällen wird eine Reise durch Krankheitsrisiken vereitelt. Traveller sollten sich jedoch im Voraus darüber Klarheit verschaffen, wie gross die «Investitionen» sind, die sie zu tätigen bereit sind, und welche Risiken sie zu tragen gewillt sind. Erscheinen Aufwand (oder Risiko) zu hoch, ist ein Wechsel der Destination angesagt.

Sprechen sowohl die Reisesicherheit wie auch Klima und gesundheitliche Risiken für Ihre Wunschdestination, ist der Schritt vom «Reisetraum» zum «Reiseprojekt» beinahe gemacht. Was sich jedoch noch lohnen wird, ist eine erste Prüfung der Anreise- und der Unterkunftsmöglichkeiten sowie der Kosten von Anreise und Unterkunft. Checken Sie kurz, wie und für wie viel Geld Sie an den Zielort gelangen – eine Reise zum Südpol beispielsweise kann zu einer Frage des Geldes werden. Bringen Sie ausserdem in Erfahrung, welche Art Unterkünfte existieren (Hotels, Guest Houses, Privatunterkünfte usw.) und in welcher Preisspanne sich diese bewegen.

Weitere Überlegungen: Budget und Aufwand

Neben den sechs «Hard Facts» sind ein paar Überlegungen zu folgenden Punkten empfehlenswert: dem zur Verfügung stehenden Reisebudget und dem allgemei-

---

Die besten Adressen für eine erste Überprüfung der wichtigsten Faktoren sind:

- Allgemeine Infos: *www.lonelyplanet.com* («Thorn Tree Forum» und Worldguide)
- Reisegesundheit: *www.safetravel.ch*
- Sicherheitshinweise: *www.eda.admin.ch/travel/travelad_d.html*

... und für das Aufsuchen von Reiseführern in öffentlichen Schweizer Bibliotheken:

- Pestalozzi-Bibliothek Zürich (PBZ): *www.pbz.ch*
- Zentralbibliothek Zürich: *www.zb.unizh.ch*
- Stadt- und Universitätsbibliothek Bern: *www.stub.unibe.ch*
- Öffentliche Bibliothek Universität Basel: *www.ub.unibas.ch*
- Link-Sammlung der Schweizer Bibliotheken: *www.switch.ch/libraries*

---

nen Verhältnis von Aufwand und Ertrag der Reise.

Was das Budget angeht, so haben es unabhängig Reisende gut. An praktisch allen Orten der Welt reisen sie wesentlich günstiger als solche, die ihre Reise bei einem Veranstalter buchen. Es gibt wenige Orte, an denen diese Rechnung nicht aufgeht: Regierungen einiger Länder (z. B. die Malediven oder Bhutan) wünschen individuelles Reisen in ihrem Land nicht und gestalten es daher künstlich überrissen teuer.

Mehrere Faktoren werden die Reisekosten beeinflussen. An erster Stelle sind dies die Anreise sowie die Kosten für die Übernachtungen und den täglichen Bedarf. Daneben können Kosten für Transporte innerhalb des Landes und Gebühren für Visa oder spezielle Permits ins Gewicht fallen. Diese Faktoren verhalten sich sehr dynamisch, sprich: Manche Destinationen sind teuer in der Anreise und sehr günstig in den restlichen Kosten (z. B. Mauritius), andere sind hinsichtlich der Anreise günstig, für den Reisealltag jedoch teuer (z. B. New York). Eine günstige Anreise bedeutet also nicht zwingend eine insgesamt wohlfeile Reise, während umgekehrt eine teure Anreise nicht unbedingt für eine gesamthaft kostspielige Unternehmung sprechen muss. Daneben gibt es die Traumdestinationen aller Budgetbewussten (z. B. Thailand) und schliesslich solche, die schlicht ein dickeres Portemonnaie erfordern (z. B. Alaska). Versuchen Sie daher vor der definitiven Buchung und Reisevorbereitung herauszufinden, in welche Kategorie Ihre Destination gehört. Dies schützt vor unangenehmen Überraschungen.

Das erwähnte Verhältnis von Aufwand und Ertrag meint Folgendes: Manche Destinationen sind wunderbare Reiseziele, bedingen jedoch eine aufwändige Reisevorbereitung und eine lange Anreise. Es gibt also Destinationen, die sich für eine kürzere Reisedauer einfach nicht lohnen. Selbst wenn die Tourismusindustrie Angebote wie «eine Woche Malediven» oder «Christmas Shopping in New York» im Repertoire hat, heisst dies noch lange nicht, dass solche Trips sinnvoll sind – wahrscheinlich werden die Reisenden nach dem Urlaub weniger entspannt sein, als zuvor.

Der langen Rede kurzer Sinn: Passen Sie die Entfernung der Destination und den mit der Reise verbundenen Aufwand der Dauer der Reise an. Berücksichtigen Sie dabei auch, dass nicht jede Reise mit jeder Lebenssituation kompatibel ist. Gerade nach grösseren Belastungen im Berufsleben oder während Examensperioden ist es kaum empfehlenswert eine Reise zu unternehmen, die mit vielen Vorbereitungen vor oder grossen Strapazen während der Reise verbunden ist.

Unabhängiges Reisen ist – mit wenigen Ausnahmen – kostengünstiger, als es Pauschal- oder Gruppenreisen sind. Eine auf Erfahrungswerten basierende Faustregel lautet: «Doppelte Zeit zum halben Preis.» Konkret heisst dies: Wenn ein zweiwöchiger, organisierter Urlaub rund 4000 Franken kostet, werden vier Wochen unabhängiges Reisen in derselben Gegend um die 2000 Franken kosten.

In der Tourismusindustrie funktioniert vieles im Eilzugtempo: Gebucht werden kann in der letzten Minute, und innerhalb von acht Tagen «erholen» sich Touristen am anderen Ende der Welt. Unabhängig Reisen ist komplexer und vielschichtiger. Nehmen Sie sich daher genügend Zeit, sowohl für die Reisevorbereitung als auch für die Reise selbst.

Alea iacta est! –
Wenn die Würfel gefallen sind

Sind die Würfel schliesslich gefallen, bedeutet dies nichts anderes, als dass Sie sich in die Reisevorbereitungen stürzen können! Sollten sich hingegen einer oder mehrere Punkte als nicht akzeptabel herausgestellt haben und Sie zu einer Alternative gezwungen sein, ist dies noch lange kein Grund, sich zu grämen. Denn wer einen Plan über Bord wirft, wird in seinen Ferien ja nicht nichts erleben, sondern einfach etwas anderes. Holen Sie also Ihren Weltatlas nochmals aus dem Regal und lassen Sie Ihre Reisegedanken weiter schweifen – schliesslich gibt es noch viele unentdeckte Seiten in jenem Buch.

Honeymoon im Himalaja

Wir sassen in einem engen Kreis um den einzigen Ofen des Hauses. Der Geruch und das Knistern des Holzfeuers füllten den Raum und fast unersättlich streckten wir Hände und Füsse der wohligen Wärme entgegen. Draussen herrschte klirrende Kälte und die Lodge bildete im letzten Licht der Dämmerung ein einziger Punkt Geborgenheit inmitten des atemberaubenden Himalajas.

Die Leute am Ofen, alle seit Tagen mit Rucksack von Logde zu Lodge unterwegs, kamen aus der ganzen Welt. Trotzdem sahen wir alle gleich aus: dicke Wollkappen auf unseren Köpfen, glühende Wangen, von der Sonne und dem kalten Wind gerötet, aufgeraute Hände mit schmutzigen Fingernägeln. Nur eine junge Frau stach hervor: Sie trug hübsch gekämmtes Haar, war dezent geschminkt, und ihrer sauberen Kleidung sah man keine Strapazen an. Auf die anderen Anwesenden wirkte sie, als käme sie von einem anderen Planeten. Wie sich herausstellte, war dem aber nicht so. Sie kam aus den USA und – bei dieser Information waren zehn ungläubige Augenpaare auf sie gerichtet – war auf ihrer Hochzeitsreise.

Der andere zur Hochzeitsreise gehörende Teil, ihr frisch angetrauter Ehemann, sass allerdings nicht am Ofen, sondern war draussen am «Trainieren», wie sie uns erklärte. Ihr Mann sei eben sehr sportlich, und er wolle sich ausserdem für die grosse Höhe fit machen, indem er vor dem Schlafengehen draussen noch einige Hügel hoch- und runterrenne. Ihr Ziel sei es – oder zumindest das Ziel des holden Ehegatten – am folgenden Tag ohne Akklimatisationsaufenthalt in die übernächste Lodge auf knapp 5000 Meter Höhe aufzusteigen. Sie sei heute Abend jedoch wegen hämmernder Kopfschmerzen in der Lodge geblieben.

Die auf sie gerichteten Augenpaare wurden während den Ausführungen immer grösser und fragender. «Wie kann jemand ein Trekking auf über 5500 Meter Höhe in Angriff nehmen, ohne eine Ahnung von Höhenkrankheit zu haben?», stand in den Blicken. «Wie kann jemand bei diesen Strapazen noch ans Make-up denken?», mochten sich andere fragen und: «Wie gestaltet sich ein Honeymoon bei eisigen minus 10° Celsius im Schlafraum, wo Weiblein und Männlein je in einem dicken Mumienschlafsack schlafen?» Mit Verlaub, aber Wandern ist doch eigentlich nicht die Quintessenz der Reise von zwei frisch Vermählten, oder?

Nun, aus den im Lauf des Gesprächs folgenden Schilderungen und den Klagen der jungen Frau über Kälte, Anstrengungen und Schmerzen war zu schliessen, dass sie sich ihre Hochzeitsreise etwas anders vorgestellt hatte! Und selbst wenn es heisst, schwierige, gemeinsam gemeisterte Situationen würden Paare zusammenschweissen, blieb die Frage: Anhand welcher Informationen und Vorstellungen hatten sie sich entschieden, nach Nepal zu reisen? Und wie genau hatte ihre Reiseplanung ausgesehen?

Ob sie heute noch verheiratet sind, weiss ich nicht; ob sie jemals wieder eine Reise unternehmen werden, auch nicht. Ihre Hochzeitsreise nach Nepal auf jeden Fall hatte unter keinem guten Stern gestanden. Zwei Tage später erfuhren wir von anderen Trekkern, ein amerikanisches Honeymoon-Paar sei wegen akuter Höhenkrankheit aus 4900 Meter Höhe per Helikopter evakuiert worden.

Ohne den beiden zu nahe treten zu wollen – aber vielleicht eignet sich eine Südsee-Insel einfach besser für den Honigmond …

fazit

Hin und wieder werfen wir Menschen die Frage auf, wem die Welt «gehöre». Karrierebewusste sagen, sie gehöre denen, die viel Einfluss besitzen. Erwachsene sagen, sie gehöre den Jungen. Junge glauben, sie gehöre jenen, welche die Ausbildung bereits abgeschlossen haben. Andere wiederum meinen, sie gehöre den Reichen.

Nun sind aber jene, die Einfluss haben, unzufrieden, weil die endgültige Kontrolle wenig mit Glück zu tun hat. Die Erwachsenen wissen, dass mit dem Ende der Ausbildung nicht unbedingt mehr Freiheit, sondern mehr Verantwortung auf einen wartet, und die Jungen vergessen vor lauter Kummer über die Ausbildung ihre Freiheiten auszukosten. Der Anblick eines meditierenden Mönchs macht uns schliesslich bewusst, dass Reichtum nichts mit Geld zu tun hat.

Wem «gehört» nun die Welt? Vielleicht gehört sie uns genau in dem Moment, in dem wir den Atlas aufschlagen und unseren Zeigefinger über unbekannte Namen streifen lassen, – in jenem Augenblick, wenn unsere Gedanken auf die nächste Reise gehen – frei, jeden erdenklichen Ort der Erde zu erkunden.

check

Grundsätzliche Überlegungen bei der Auswahl einer Destination:
- Welche Kulturkreise/Landschaften interessieren Sie?
- Welchen Aktivitäten wollen Sie während der Reise nachgehen?

Wichtige Faktoren, die Sie als erste prüfen sollten:
- Politische Stabilität und Sicherheit im Reiseland
- Klimatische Bedingungen im Reiseland zur jeweiligen Reisezeit
- Gesundheitliche Risiken und nötige Massnahmen vor Reiseantritt (v. a. Malariaprophylaxe und Impfungen)
- Anreisemöglichkeiten und -kosten
- Übernachtungsmöglichkeiten und -kosten
- Ungefähre Kosten der gesamten Reise

Zu den ersten Überlegungen könnten ausserdem gehören:
- Budget erstellen
- Verhältnis von Aufwand und Ertrag der Reise überdenken

2 | *reisevorbereitung*

Vom Traum zum Projekt

Es gibt Reisende, die stehen ohne Visum an einer Grenze. Andere stellen mit Schrecken fest, das kyrillische Alphabet nicht entziffern zu können. Ja manche sollen sogar schon Spanisch gelernt haben, um nach Brasilien zu reisen. Sie alle haben etwas gemeinsam: Im Vorfeld der Reise ist etwas schief gelaufen. Dies kann sich vor Ort als grosses Hindernis entpuppen. Solche Beispiele, ob wahr oder erfunden, zeigen doch eines: Die Vorbereitung ist der zentrale Teil einer Reise und wird sehr viel zum Gelingen der Unternehmung beitragen.

Nach der Auswahl einer Destination tritt das Reiseabenteuer mit der Buchung der Anreise in die erste Phase der Vorbereitungen. Der Traum einer Reise wird ein reales Projekt. Und wie im Alltag, ist es auch beim Reisen so, dass ein Traum mit schönen Träumereien und ein Projekt mit viel Arbeit verbunden ist. Sprich: Die Vorbereitung einer unabhängigen Reise wird niemandem geschenkt.

So bleibt Travellern im Vorfeld des kleinen oder grossen Abenteuers nichts anderes übrig, als sich ins Zeug zu legen; zu recherchieren, zu lesen, zu suchen, sich zu informieren, Abklärungen zu treffen und zu organisieren. Das klingt nach viel Arbeit. Doch es wird sich lohnen: Als Belohnung winkt die aufkommende Vorfreude und das Reisefieber für das bevorstehende Erlebnis und schliesslich eine unvergessliche Reise!

Was es zu beachten gilt

Die Organisation der Anreise ist der erste Meilenstein der Reisevorbereitung. Um den Dschungel von Tarifen, Fahr- und Flugplänen sowie alle Kombinationsmöglichkeiten von Flugzeug, Zug, Schiff und vielleicht Privatauto zu durchforsten, ist in erster Linie die Geduld des Travellers gefragt. In diesem Bereich entwickelten sich in den vergangenen Jahren für individuell Reisende einige Vereinfachungen. Mittlerweile sind per Internet in allen möglichen Ecken der Welt Tickets selber buchbar – sofern die Transportfirma über eine Homepage, E-Mail oder Fax verfügt. Allerdings bedeutet diese Freiheit auch mehr Möglichkeiten, und damit die Qual der Wahl.

Die Vorbereitung einer Reise auf eigene Faust bietet viel Freiheit. Dies bedeutet aber auch mehr Eigenverantwortung, und mehr Eigenverantwortung heisst mehr Aufwand. Aber keine Sorge: Die ganze Arbeit und Anstrengung wird am Ende mit einer unvergesslichen Reise belohnt!

Ist die Anreise gebucht, wird der Traum definitiv zum Projekt. Als nächstes stehen bürokratische und administrative Aufgaben an. Diese können vom Einholen eines Visums über die Budgetplanung bis hin zu Gesprächen mit eigenwilligen Versicherungsberatern über unglaublich spannende Dinge wie die Auslanddeckung der Krankenkasse oder Annulationsversicherungen reichen.

Hat ein Traveller diese bürokratischen Hürden gemeistert, werden die Vorbereitungen etwas realitätsnaher. Überlegungen zu Übernachtungsmöglichkeiten oder einige Gedanken zum Reiseplan sowie zu allfälligen Inlandtransporten während der Reise sind nun angebracht. Wer nicht allein reist, sollte spätestens jetzt mit den Reisepartnern über deren Vorstellungen und Präferenzen hinsichtlich der Reise diskutieren. Dies wird Missverständnissen und heiklen Diskussionen während der Reise vorbeugen. Allein Reisende haben in dieser Hinsicht einen nicht zu verachtenden Freiraum und müssen sich lediglich überlegen, was vorbereitet werden soll (oder muss) und was sie unterwegs spontan entscheiden oder dem Zufall überlassen wollen.

Last but not least folgt der inspirierende Teil der Reisevorbereitung. Nachdem Sie alle unumgänglichen «Musts» organisiert haben, können Sie sich wirklich mit dem Reiseland als solches auseinandersetzen, in allerlei Reiseliteratur stöbern und in Vorfreude schwelgen. Abgesehen vom Unterwegssein an sich wohl der schönste Teil einer Reise!

Natürlich dürfen in jeder seriösen Reisevorbereitung Abklärungen über Gesundheitsrisiken und allfällige Impfungen nicht fehlen. Ausführliche Informationen über die spezifischen Vorbereitungen hinsichtlich der Gesundheit finden sich in Kapitel «Gesundheit – Vom Vorbeugen und Heilen» (ab Seite 61).

Reisevorbereitung im Informationszeitalter

Während der Reisevorbereitung dreht sich alles um Informationen. Was deren

Verfügbarkeit anbelangt, so ist es heutzutage wesentlich einfacher als früher. Schliesslich leben wir im Informationszeitalter. Allerdings bringt die Fülle an Informationen auch neue Probleme mit sich: Vielfach sind Hinweise ungeprüft, veraltet oder mit kommerziellen Interessen Dritter verknüpft. Gerade Webpages sind diesbezüglich mit Vorsicht zu geniessen.

Heute reicht ein Internetzugang, um eine unglaubliche Menge an Informationen zu allen möglichen Bereichen der Reisevorbereitung zu finden. Früher war es schwierig, aktuelle Informationen zu finden. Nun besteht die Herausforderung darin, die Spreu vom Weizen zu trennen und brauchbare von unbrauchbarer Information zu unterscheiden.

Verlässliche Quellen sind nach wie vor Reiseführer. Hier sollte unbedingt auf das Erscheinungsdatum geachtet werden. Informationen zu einer Reisedestination können sich sehr rasch ändern. Ausserdem sollte ein Reiseführer dem persönlichen Reisestil des Travellers Rechnung tragen. Ein Vergleich unterschiedlicher Verlage lohnt sich auf jeden Fall. Punkto Aktualität ungeschlagen sind ausserdem seriöse Reiseforen im Internet, in welchen Reisende sich untereinander austauschen. Mittlerweile existieren solche in diversen Sprachen, manche klein und spezifisch, andere mit weltweit Tausenden von Usern.

Eine weitere Quelle, die ob all der Information manchmal vergessen geht, ist das persönliche Umfeld eines Travellers. Informationen aus allererster Hand gehören schliesslich zu den besten und aktuellsten. Nicht selten findet sich ein Bekannter oder Verwandter, der just jemanden kennt, der oder die brauchbare Infos vermitteln kann. Solche Kontakte sind Gold wert und sollten unbedingt ausgeschöpft werden.

Reiseforen im Internet bilden aktuelle Quellen für Informationen aus erster Hand. Das Mass aller Dinge ist dabei das Travel-Forum des Reiseführer-Verlags Lonely Planet. Unter der Seite *www.lonelyplanet.com* tauschen sich im so genannten «Thorn Tree Forum» täglich Tausende von Traveller aus. Im deutschsprachigen Raum finden sich unzählige Foren. Nicht alle sind gleich nützlich.

Positiv hervorzuheben ist beispielsweise *www.traveltalk.weltreiseforum.com,* eine ziemlich umfassende und übersichtliche Seite, ebenfalls empfehlenswert ist *www.reiseforum.trendtown.info.* Ein unabhängiges Forum, speziell von Schweizer Travellern für Schweizer Traveller, befindet sich seit Anfang 2006 unter *www.oneplanet.ch* im Aufbau.

Wer sich nicht daran stört, wenn ein Forum mit Werbebannern und Sonderangeboten des Reiseanbieters STA gespickt ist (das Forum gehört dem Unternehmen), kann es ausserdem unter *www.statravel.de/phpbb/index.php* versuchen. Neben diesen allgemeinen Reiseforen existieren eine Vielzahl von spezifischen Seiten: beispielsweise das *www.rad-forum.de* für alle, die eine Fernreise per Fahrrad planen, oder die Website *www.seniorweb.ch* für Reisende älterer Semester.

Finden sich auf diesen konventionellen Wegen für eine spezielle Reisedestination nur spärliche oder unbrauchbare Hinweise, braucht es etwas mehr Fantasie und Aufwand bei der Informationsbeschaffung. Kleininserate in Reisemagazinen, wie z.B. dem Schweizer Globetrotter-Magazin, sind eine Variante. Eine direkte Anfrage bei der diplomatischen Vertretung eines Landes in der Schweiz ist eine weitere Möglichkeit. (Allerdings sollte bedacht werden, dass diplomatische Vertretungen keine Reiseagenturen sind und sich allenfalls durch «touristische» Anfragen gestört fühlen.) Gibt es über gewisse Dinge keine auffindbaren Hinweise, ist dies noch lange keine Tragödie. Betrachten Sie Informationslücken als Raum für Abenteuer. Die totale Kontrolle und Organisation einer Reise würde dem individuellen Erlebnis doch einen bedeutenden Teil seines Reizes nehmen.

Anreise – Flug, Zug, Fähre oder doch Zug, Flug, Fähre, Bus?

Die Art und Weise der Anreise hat zwei direkte, unmittelbare Auswirkungen: einerseits ist davon abhängig, wie schnell und entspannt man am Ziel ankommt, andererseits bestimmt sie mit, wie stark das Reisebudget belastet wird. Früher galt: Das Flugzeug ist das bequemste, schnellste, aber auch das teuerste Transportmittel. In der heutigen Zeit sieht das etwas anders aus: Das Flugzeug ist oft das billigste Verkehrsmittel, bei weitem aber nicht mehr das bequemste. Oder anders gesagt: Gleich wie früher ist die Wahl des Verkehrsmittels von den beiden Faktoren Zeit und Geld abhängig. Anders als früher ist heutzutage jedoch schneller oft billiger. Langsam und bequem reisen wird mehr und mehr zum Privileg.

Auch wenn wir Traveller es ob Fernweh und Reiseträumen gern vergessen: Reisen belastet die Umwelt. Einzig zu Fuss oder per Velo reist es sich 100 % umweltfreundlich; von den schnelleren Varianten beeinflusst der Zug das Klima am wenigsten. Am schlechtesten für die Umwelt sind Reisen im Flugzeug oder im Auto. Ein Vergleich: Wer ein Jahr lang einen Mittelklassewagen fährt, stösst rund 1,2 Tonnen CO_2 aus. Ein Flug von Zürich nach Kathmandu und zurück belastet die Umwelt mit 2,6 Tonnen CO_2, ein Flug nach Bangkok und zurück mit 3,4 Tonnen. Bei einem Flug von Zürich nach Sydney und zurück liegt der CO_2-Ausstoss gar bei 6,2 Tonnen.

Diese Umweltsünden zu kompensieren hat sich die nicht-gewinnorientierte Organisation Myclimate zum Ziel gesetzt. Sie bietet «klimaneutrales Fliegen» an. So funktionierts:

Anhand eines komplexen Preisberechnungssystems können Flugpassagiere für jede Flugreise einen Betrag berechnen, den Sie Myclimate spenden. Dieser Betrag wird von der Organisation anschliessend in konkrete Klimaschutzprojekte investiert. Ziel dabei ist es, die vom Flugzeug verursachten CO_2-Emissionen durch diese Projekte an einem anderen Ort einzusparen. Detaillierte Informationen finden sich unter *www.myclimate.ch*.

Das Internet bietet eine Fülle an Infos zu Fahr- und Flugplänen, wobei immer öfter Tickets direkt via Website gebucht und gekauft werden können. Nicht selten spart man dabei Buchungsgebühren ein, die beim Kauf eines Tickets im Reisebüro anfallen. Überdies bieten manche Transportgesellschaften bei der Buchung via Internet tiefere Spezialtarife an. Ein Preisvergleich kann lukrativ sein. Wer sich

Ein Grossteil der weltweiten Flüge und Tarife ist mittlerweile im Internet abrufbar. Wer seinen Flug in Eigenregie buchen will oder aber sich vor dem Gang in ein Reisebüro eine Übersicht verschaffen möchte, findet Infos unter *www.amadeus.net*. Diese Seite dient einzig der Informationssuche, Flüge können keine direkt gebucht werden. Ebenfalls gute Suchmaschinen bieten *www.reisen.ch/flights/* oder die Webseite des Globetrotter-Reisebüros unter *www.globetrotter.ch/reiseangebote/fluege_online_buchen*. (Da heutzutage fast unendlich viele Flugverbindungen existieren, ist es sinnvoll, mehrere Seiten zu konsultieren, bevor man sich für einen Flug entscheidet!)

allerdings dafür entscheidet, ohne Reisebüro zur Sache zu gehen, sollte Folgendes abklären: Was geschieht, wenn Sie einen Anschlussflug aufgrund einer Verspätung eines anderen Fluges verpassen (insbesondere, wenn es sich um zwei verschiedene Fluggesellschaften handelt)? Wie hoch ist die Möglichkeit einer Flugplanänderung, durch die Ihre vorangehenden oder anschliessenden Flüge verpasst würden? Und nicht zuletzt: Wird genügend Zeit vorhanden sein, um beim Umsteigen das Gepäck entgegenzunehmen und wieder aufzugeben, falls es nicht bis an die Zieldestination eingecheckt werden kann?

Sind die Unsicherheiten diesbezüglich gross, existieren zwei Möglichkeiten: Entweder wird ein Reiseplan zeitlich so grosszügig zusammengestellt, dass selbst eine massive Verspätung keine Konsequenzen hat, oder es wird trotzdem über ein Reisebüro gebucht. Fallen die Tarifunterschiede nicht zu sehr ins Gewicht, kann sich dies auf alle Fälle auszahlen. Denn wer über ein Reisebüro bucht, überlässt diese Fragen und alle allfälligen Probleme dem Unternehmen.

Sind Traveller an der Zieldestination auf ein Auto angewiesen, ist die Reise im Privatwagen eine Option – vorausgesetzt, das Reiseziel ist überhaupt per Auto erreichbar. Allerdings ist das Reisen im PW alles andere als entspannt und ökologisch. Seien Sie in diesem Zusammenhang auf die Autoverladmöglichkeiten innerhalb Europas hingewiesen. Die Vorteile: Reisende erreichen ihr Ziel ökologisch sinnvoll, anstrengende, stundenlange Autofahrten auf überfüllten Autobahnen können vermieden werden und die Auslagen für einen Mietwagen am Zielort kann man sich sparen.

Eine Möglichkeit, die oft vergessen geht, sind internationale Autoverladzüge innerhalb Europas. Wenige wissen, dass direkt aus der Schweiz Autozüge nach Deutschland, Italien, Frankreich und Österreich fahren. Ausführliche Informationen dazu finden sich unter *http://mct.sbb.ch/mct/reiselust/europareisen/autoreisezug.htm*. Wer seine Zieldestination hier nicht findet, kann es bei der Deutschen Bahn unter *www.dbautozug.de* versuchen. Weiterführende Informationen über praktisch alle Verbindungen in Europa bieten die Seiten *www.autoreisezug.ch* und *www.autoreisezuege-in-europa.de*.

Bürokratie – Hilfe, mein Pass ist abgelaufen!

Bürokratie ist Bürokratie. Sie ist mühsam, aber notwendig. Für Traveller in der

Reisevorbereitung hat nach der Organisation der Anreise die Organisation der Einreise Priorität. Hierzu gehört auf alle Fälle ein Blick auf das Ablaufdatum des Passes und die Abklärung, ob er noch lange genug gültig ist. Achtung: Viele Länder kennen die Einreisebestimmung, dass ein Pass noch drei oder sechs Monate über die Reise hinaus gültig sein muss.

Als nächstes folgt – bei Bedarf – das Einholen eines Visums respektive mehrerer Visa. Nicht alle Botschaften legen dieses im Eiltempo auf den Tisch. Planen Sie deshalb genügend Zeit ein, um den Stempel einzuholen. Beabsichtigen Sie ausserdem während der geplanten Reise ein Auto oder ein Motorrad zu lenken, braucht es für manche Länder einen internationalen Führerausweis, für andere wiederum reicht eine englische Übersetzung des Schweizer Führerausweises.

Als nächstes sind die Versicherungen an der Reihe. Ein nicht gerade herzerwärmendes Thema. Halten wir es deshalb kurz: Ihre Krankenversicherung sollte für die gesamte Dauer der Reise im Ausland gültig sein. Eine Reiseannulationsversicherung lässt einen ebenfalls ruhiger schlafen. Je nachdem, was Sie in Ihrem Gepäck transportieren, ist eine zusätzliche Gepäckversicherung respektive eine Erhöhung der Diebstahlsumme in Ihrer Hausratversicherung sinnvoll. Selbst wenn es mühsam ist, lesen Sie Kleingedrucktes gut durch und machen Sie lieber einen Telefonanruf zu viel als einen zu wenig. Im Ernstfall werden Sie es sich danken.

Für Vielreisende lohnt sich eine private, ganzjährige Reiseversicherung. So muss nicht bei jeder Reise ein separater Annullationsschutz abgeschlossen werden. Folgende Schweizer Versicherer bieten solche an, teilweise in Form von «Packages», zusammen mit einer Reisegepäckversicherung:

- Basler-Versicherungen
- CSS-Versicherung
- ELVIA Reiseversicherungsgesellschaft
- Europäische Reiserversicherungs-AG (Teil der Schweizerischen National-Versicherungsgesellschaft)
- Die Mobiliar
- Winterthur-Versicherungen
- Zürich Schweiz (Teil der Zurich Group)

Wer einen Preis-Leistungs-Vergleich anstellen will, kann dazu unter *www.konsuminfo.ch/tests.asp* eine Studie bestellen. Diese ist allerdings kostenpflichtig (3.– Franken).

Was die Finanzen anbelangt, so lohnt sich gerade bei längeren Reisen die Einrichtung eines Bank- oder Postkontos, von dem im Ausland kostengünstig Geld bezogen werden kann. Eine adäquat gewählte Kreditkartenlimite wird den Reisealltag ebenfalls erleichtern. Diese kann bei manchen Kreditkartengesellschaften für den Zeitraum einer Reise vorübergehend heraufgesetzt werden.

Leider helfen aber auch die neueste Kreditkarte und die beste ATM-Maschine nicht weiter, wenn das Budget nicht stimmt. Ganz in diesem Sinne gehört eine realistische Budgetplanung zum bürokratischen Teil der Reisevorbereitung. Vergessen Sie nicht, dass unvorhergesehene Kosten auftreten können und Mehrkosten vor Reiseantritt wie Visagebühren,

Impfungen, Reiseausrüstung oder neue Gepäckstücke anfallen. Einmal unterwegs, können insbesondere unvorhergesehene Hotelübernachtungen, Arzt- oder Spitalbesuche sowie Gebühren für Bewilligungen oder Permits das Portemonnaie belasten. Planen Sie Ihre Reise daher nicht an der finanziellen Schmerzgrenze.

Falls Sie allein wohnen und niemand regelmässig den Briefkasten leeren wird, gehört ausserdem ein «Post-Rückhalte-Auftrag» zur Reisevorbereitung. Ein solcher kann bei jeder Poststelle oder via Internet veranlasst werden.

Die Schweizerische Post hält Ihre private Post bis zu zwei Monate zurück. Dieser Service kostet 10 Franken und kann an jedem Postschalter oder via Internet (falls Sie bei den Onlineservices von PostMail registriert sind) veranlasst werden. Dies sollte spätestens drei Tage vor Reisebeginn erfolgen.

Reiseplanung – Entspannung oder Abenteuer?

Wer individuell reist, kann in Eigenregie frei über sein Reiseprogramm entscheiden. So möchte der eine in möglichst kurzer Zeit möglichst viel sehen oder Rekorddistanzen trekken. Andere mögen es vielleicht lieber etwas lockerer, bleiben gern mal mehr als drei Tage an einem Ort und widmen die letzte Reisewoche ganz der Entspannung. Dies alles ist problemlos möglich – schliesslich kann beim Reisen auf eigene Faust allen Präferenzen Rechnung getragen werden. Schwierig wird es, wenn mehrere Personen mit unterschiedlichen Vorlieben zusammen unterwegs sind oder aber ein Reiseplan sich beim besten Willen nicht in den zur Verfügung stehenden Zeitraum pressen lässt. Um bösen Überraschungen vorzubeugen, sollte im Vorfeld einer Reise ein grober Reiseplan festgelegt werden. Dazu gehört die ungefähre Reiseroute, eine Liste der Orte, die man besuchen möchte sowie die ungefähre Aufenthaltsdauer an den jeweiligen Orten.

Erkennen Sie bereits während dieser Grobplanung der Reise, dass Sie Inlandflüge oder andere Transporte während der Reise in Anspruch nehmen möchten, sollten Sie abklären, ob eine frühe Buchung notwendig ist. In vielen Fällen wird dies kaum der Fall sein. Es gibt allerdings Ausnahmen. Ein Beispiel ist Grönland: Jeder Transport – auch ein zehnminütiger Helikopterflug von einer kleinen Insel in den nächsten Ort – will Monate im Voraus gebucht sein. Entgeht dies einem Traveller während der Reisevorbereitung, läuft er oder sie Gefahr, festzusitzen!

Bedenken Sie ausserdem, dass Reisen in speziellen Gebieten (z. B. Nationalparks oder politisch heikle Grenzgebiete) teils spezielle Permits erfordern. Meistens ist es einfacher, diese vor Ort zu besorgen. In einigen Fällen wird es aber notwendig sein, sie bei der zuständigen Behörde im Reiseland bereits vor der Abreise zu beantragen. Das Ausstellen der Bewilligung kann durchaus länger dauern. Achten Sie also auf eine frühzeitige Abklärung, denn Reiseträume sollten nicht an einem fehlenden Papier scheitern!

Eine Überweisung ins ewige Eis

Auf unserer Reise sollte uns ein Schiff der «Arctic Umiaq Line», einer grönländischen Schifffahrtsgesellschaft, von Mittelgrönland nach Norden bringen. Da die wenigen öffentlichen Verkehrsschiffe in Grönland während der Sommermonate heillos ausgebucht sind, war eine frühzeitige Buchung der Tickets angesagt.

Ich setzte mich also eines späten Abends vor meinen Computer, um mittels E-Banking den Betrag für die Tickets auf ein grönländisches Bankkonto zu überweisen. Die Probleme fingen bei der Entscheidung zwischen dem Formular «Überweisung EU» und «Überweisung übriges Europa» an. Denn: Grönland gehört zu Dänemark, jedoch nicht zur EU. Eine knifflige Sache! Meine Zieldestination war denn auch weder im einen noch im anderen Formular auffindbar. Grönland existierte offenbar nicht, jedenfalls nicht im Universum meiner Bank.

Trotz später Stunde wählte ich die telefonische Helpline-Nummer. Schliesslich wies die Schweizer Grossbank explizit auf ihren 24-h-Kundenservice hin. Tatsächlich begrüsste mich eine freundliche Männerstimme. Nachdem ich geschildert hatte, ich würde die Zieldestination des Überweisungsauftrags leider nicht finden können, fragte er hilfsbereit: «Wohin möchten Sie das Geld denn überweisen?» Nichts ahnend sagte ich: «Nach Grönland.»

Die Stimme des Mannes veränderte sich schlagartig. Er war zwar immer noch freundlich, jedoch bloss, weil dies zu seiner Aufgabe als Helpline-Angestellter gehörte. Halbwegs verärgert, halbwegs gelangweilt stellte er mir anschliessend die obligaten Fragen zu Währung, Bank und Adresse der Bank. Brav gab ich Auskunft: «Grönlandsbanken in Nuuk, z. Hd. Billetkontoret Nuuk der Arctic Umiaq Line AS, Betrag von 1402 dänische Kronen.»

Er tippte alle Angaben in seinen Computer ein, und beide warteten wir gespannt auf das Resultat seiner Recherche. Und siehe da! Vom anderen Ende der Leitung hörte ich eine Stimme, die ihr Erstaunen kaum mehr verbergen konnte: «Ich habe Ihre Transaktion erfolgreich abschliessen können!» Am liebsten hätte ich gesagt: «Ha, da staunen Sie, dass es in Grönland mehr als nur ewiges Eis gibt, was?» Ich hielt mich aber für einmal zurück, bedankte mich für seine Hilfe und wünschte eine gute Nacht.

Unterkunft – Hotel, Guesthouse oder... spontan?

Je nach Destination und Reisezeit können sich Traveller problemlos die Freiheit nehmen, spontan vor Ort eine Unterkunft zu suchen. Dies bietet einerseits den Vorteil, eine grössere Auswahl zu haben (viele hübsche Guesthouses oder Bed and Breakfasts sind weder in Reiseführern noch im Internet zu finden), andererseits wird das Risiko für böse Überraschungen eliminiert. Allerdings ist die spontane Variante nicht in allen Fällen ratsam. Wer während der Hochsaison oder speziellen Feiertagen in einem bestimmten Gebiet unterwegs ist, tut gut daran, eine Übernachtungsmöglichkeit vorab zu organisieren. Stört einen dieser Verlust an Flexibilität zu sehr, ist eine Reservation für die ersten ein oder zwei Nächte ein Kompromiss.

Der Reisebeginn wird wesentlich entspannter ausfallen, wenn für die erste Nacht nach der Ankunft eine Übernachtungsmöglichkeit im Vorfeld der Abreise gebucht wird. So ersparen sich Traveller – müde von der Reise und mit Gepäck vollbeladen – die mühevolle Suche nach einer Unterkunft.

Grundsätzlich sind grössere Hotels einfacher von zu Hause aus buchbar. Via Internet und E-Mail können aber häufig auch andere Unterkünfte wie Guesthouses oder private Appartements ohne zwischengeschaltete Agentur direkt reserviert werden. Hinweise finden sich in erster Linie im Netz, in Reiseforen oder aber in Reiseführern, die auf eine Klientel mit kleinerem Budget spezialisiert sind. Kontakt lässt sich in den meisten Fällen per E-Mail herstellen, in einigen Ländern ist jedoch der gute alte Telefax immer noch das zuverlässigere Kommunikationsmittel.

Etwas schwieriger zu organisieren sind private Homestays. Falls Sie weder in Reiseführern noch im Internet Kontaktinformationen finden, müssen Sie etwas tiefer graben: Wenden Sie sich beispielsweise an ein Tourismusbüro oder eine ähnliche Institution in der Reiseregion und fragen Sie offen, ob die Angestellten des Büros privat jemand kennen, der einen Homestay anbieten würde. Sagen Sie gleich vorneweg, dass Sie an Hotels und touristischer Infrastruktur nicht interessiert sind. Besonders in kleineren Gemeinden können sich auf diese Weise ungeahnte Möglichkeiten eröffnen.

Private Homestays sind eine sehr preiswerte Art, unterwegs zu übernachten. Darüber hinaus bieten sie eine der besten Möglichkeiten, eine Gesellschaft und ein Land auf authentische Weise kennen zu lernen. Manchmal sind sie nicht ganz einfach zu organisieren. Der Mehraufwand wird aber in jedem Fall entschädigt, denn kein Hotel bietet, was in einem lokalen Homestay erlebt werden kann.

Ein letztes Hindernis stellt oft die Anzahlung für eine Buchung dar. Viele kleine Guesthouses akzeptieren verständlicherweise keine Zahlung per Kreditkarte. Banküberweisungen sind mittlerweile ohne grossen Aufwand in alle erdenklichen Ecken und Winkel der Welt möglich. Achten Sie dabei jedoch darauf, alle Transferkosten Ihrem eigenen Konto zu belasten. Andererseits werden die Empfänger im Zielland einen Teil der Spesen übernehmen müssen.

Nach der Arbeit das Vergnügen!
Nach all diesen Vorbereitungen, die bestimmt nicht immer nur inspirierend sind, finden sich im Vorfeld einer Reise auch äusserst angenehme Beschäftigungen. Eine davon ist es, sich der Vorfreude hinzugeben und im Alltag bereits in Gedanken den weissen Sand durch die Zehen rinnen oder den Blick über ein unberührtes Gipfelmeer gleiten zu lassen. Zu dieser Art der Reisevorbereitung eignen sich Bildbände, Magazine, Dokumentarfilme, Atlanten, Landkarten, Sprachbücher (oder Sprachkurse), Internetseiten und Reiseführer sowie Reiseliteratur und Traveller-Berichte aller Art! Geben Sie sich der Vorfreude hin und tauchen Sie schon mal ein in das Land, die Leute und die Abenteuer, die Sie erwarten werden.

Eine weitere Etappe in der Reisevorbereitung wird einigen unglaublich viel Spass machen, anderen eher mühsam erscheinen. All jene, die gerne ab und zu durch Geschäfte streifen, werden sehr angetan sein; denn für praktisch jede Reise wird ein Traveller neues Material kaufen müssen: Sei es ein Tagesrucksack für den Städtebummel, ein Daunengilet für Lappland oder ein Paar Watschuhe für Flussüberquerungen. Ja selbst, wenn nicht wirklich etwas Neues benötigt wird, ist eine Reise eine wunderbare Ausrede, um die neuesten «Travel-Gadgets» zu erstehen und ausgedehnte Streifzüge durch Geschäfte zu unternehmen. Reisende – besonders jene im Outdoor-Bereich – wurden von der Bekleidungs- und Ausrüstungsindustrie längst als kauffreudige Zielgruppe entdeckt!

Denken Sie daran, unabdingbare Ersatzteile für ihre Ausrüstung, Reparaturmaterial sowie spezielle Batterien vor der Abreise zu kaufen. Unterwegs wird es viel schwieriger oder gar unmöglich sein, diese Dinge zu finden.

Nun, Notwendigkeit hin oder her: Widmen Sie sich vor dem Kauf einigen Preisvergleichen in verschiedenen Geschäften und lassen Sie sich nicht vom ersten Verkäufer um den Finger wickeln. Oft kosten die gewünschten Objekte ein kleines Vermögen. Wird so viel Geld für einen Ausrüstungsgegenstand ausgegeben, soll es auch optimal investiert sein und dem Traveller über Jahre und viele Reisen hinweg dienen.

Die Auseinandersetzung mit dem Reiseland als solches muss Teil jeder Reisevorbereitung sein. Dazu gehören Kenntnisse über Sitten, Bräuche, Traditionen und Wertvorstellungen einer Gesellschaft genauso wie Überlegungen, wie die Reise ökologisch und sozial möglichst verträglich gestaltet werden kann.

Zu guter Letzt: den Überblick behalten!
Die Vorbereitung einer Reise ist vielschichtig, komplex und aufwändig. Vereinfacht wird sie, wenn man nicht ständig das Gefühl hat, etwas zu vergessen. Eine erprobte Methode ist das Erstellen von Listen. Dies hilft einem dabei,

von A bis Z einen kühlen Kopf zu bewahren. Einerseits finden sich Listen im Internet oder bei manchen Reisebüros als Service für ihre Kundschaft. Nichts geht jedoch über eine individuell erstellte Liste, die den persönlichen Umständen und der jeweiligen Reise Rechnung trägt.

Listen sind das A und O der Reisevorbereitung. Ein unschlagbar ausführliches Exemplar erhalten Kundinnen und Kunden des Reisebüros Globetrotter. Doch auch wer nicht bei Globetrotter bucht, kann die Liste unter *www.globetrotter.ch* herunterladen und ausdrucken. Sie findet sich unter Reise-Infos in der Rubrik «Knowhow Pool». Eine für kürzere und weniger komplexe Reisen brauchbare Auflistung (sowie zusätzliche Hinweise und Ratschläge) bietet die Schweizerische Post in ihrer Broschüre «Ferienratgeber der Post».

---

fazit

Pauschalangebote und Last-Minute-Reisen gibt es heute an jeder Ecke. Keine Strasse ohne Reisebüro, kaum ein Magazin ohne Werbung, die uns in die Ferne lockt. Indiens Kulturdenkmäler, Australiens Outback, Argentiniens Tango und die Seidenstrasse. Es ist ganz einfach: Erst buchen, dann bezahlen, und schon sind Sie sich des Erlebnisses sicher!

Ohne Aufwand, ohne Risiko und – selbstverständlich – ohne Vorbereitung. Auch ohne Zeitaufwand natürlich, ganz im Sinne des Zeitgeists unserer Gesellschaft: effizient und dynamisch! Heute hier, morgen im Flieger und zwei Wochen später wieder im Büro. Durchorganisierte Erholung vom durchorganisierten Alltag. Bloss: Ob wir uns an diese Reisen noch erinnern werden, wenn wir mal alt sind? Ob diese Reisen einen Abdruck in unserer Seele hinterlassen werden?

Glücklicherweise bleibt Travellern eine andere Art, die Welt zu entdecken: unabhängig reisen. Reisen, die zwar von Anfang bis Schluss – von der Vorbereitung bis zur Rückkehr – mehr Zeit, mehr Energie und mehr persönlichen Einsatz fordern. Reisen aber auch, die uns prägen und von denen wir noch im hohen Alter erzählen werden. Statt eines kurzfristigen Last-Minute-Erlebnisses wird Reisen auf diese Art zu einem persönlichen Projekt. Ein Projekt, das uns über eine längere Zeit begleiten und vielleicht sogar zu einem kleinen Meilenstein in unserem Lebenslauf wird.

_check

Allgemeine Informationssuche

- Bei Informationssuche im Internet: auf kommerzielle Unabhängigkeit der Infos achten
- Bei Informationssuche in Reiseführern: auf aktuelles Erscheinungsdatum achten
- Reiseforen im Internet konsultieren
- Im Bekanntenkreis nach Informationen aus erster Hand fragen

Anreise

- Preisvergleiche anstellen und Entscheid treffen, ob die Anreise direkt oder via Reisebüro gebucht werden soll
- Falls unabhängig gebucht wird: abklären, was bei Flug- oder Fahrplanänderungen oder verpassten Anschlüssen geschieht
- Bei der Anreise im Privatwagen: Möglichkeit eines Autoverlads innerhalb Europas prüfen

Formalitäten

- Ablaufdatum im Pass überprüfen
- Abklären, wie lange über das Reisedatum hinaus der Pass gültig sein muss (je nach Land unterschiedlich)
- Falls nötig, Visum respektive mehrere Visa rechtzeitig einholen
- Falls nötig, internationalen Führerausweis oder Übersetzung des Schweizer Führerausweises beantragen
- Auslanddeckung der Krankenkasse sicherstellen
- Reiseannulationsversicherung abschliessen
- Je nach Bedarf: Gepäckversicherung abschliessen oder Diebstahlsumme in der Hausratversicherung erhöhen
- Für längere Reisen: Konto einrichten, von dem im Ausland kostengünstig Geld bezogen werden kann
- Kreditkartenlimite prüfen und allenfalls vorübergehend heraufsetzen
- Budgetplanung vornehmen (Kosten für Unvorhergesehenes einplanen)
- Post zurückhalten lassen

Reiseplanung

- Grobe Reiseroute planen (Reiseroute, Stationen, Aufenthaltsdauer)
  Falls nicht allein gereist wird: Präferenzen der einzelnen Reisenden besprechen und in die Planung einbeziehen
- Falls nötig, Inlandtransporte oder -flüge frühzeitig buchen
- Falls nötig, Bewilligungen/Permits für spezielle Gebiete bereits vor der Abreise beantragen

Unterkunft

- Unterkunft für Ankunftstag buchen
- In Reiseführern, Reiseforen oder allgemein im Internet Infos zu Übernachtungsmöglichkeiten (Hotels, Guesthouses, Homestays, Appartements) suchen und diese allenfalls direkt buchen

Ausserdem

- Informationen zum Reiseland suchen (vor allem Wertvorstellungen, Sitten, Bräuche, Traditionen etc.)
- Falls nötig, neues Ausrüstungsmaterial (Gepäckstücke, Kleidung, Outdoor-Ausrüstung, Reparaturmaterial, spezielle Batterien, Ersatzteile etc.) kaufen
- Frühzeitig Listen konsultieren und selber erstellen, um nichts zu vergessen und einen kühlen Kopf zu bewahren

3 | verhalten in fremder kultur

Wenn «A» sagen «C» heisst

Stellen Sie sich vor: Sie steigen in Kathmandu oder Mombasa oder vielleicht auch Jakarta aus dem Flugzeug, nehmen Ihr Gepäck entgegen und verlassen das Flughafengebäude. Am Taxistand steigen Sie ins erste Taxi. Der Chauffeur fragt Sie nach ihrem Ziel und setzt freundlich lächelnd den Taxometer in Betrieb. Vorbei an Menschen auf dem Weg zur Arbeit und einladenden Kaffees erreichen Sie das gewünschte Hotel... Stopp! Hier ging etwas vergessen. Was? Der Faktor Kultur!

Mit grosser Wahrscheinlichkeit wird sich die Szene so abspielen: Sie steigen aus dem Flugzeug, nehmen Ihr Gepäck nach längerer Wartezeit entgegen und verlassen die sterile Atmosphäre des Flughafens. (Was nun auf Sie zukommt, überfordert meist die Sinne westlicher Besucher.)

Im Wirrwarr von Menschen und einem Lärmpegel, dem Ihr Gehör nicht gewachsen ist, laufen Sie einer unübersichtlichen Männergruppe direkt in die Arme. Jeder behauptet, Taxifahrer zu sein. Während einer lautstark betont, den landesweit besten Preis anzubieten, entscheiden Sie sich doch für eine Fahrt mit dem Herrn, der bereits Ihr Gepäck in seinen Kofferraum hievt. Kaum haben Sie sich versehen, fahren Sie mit ihrem «Taxifahrer» durch enge Gassen, vorbei an Kindern, Hunden und Märkten und gelangen schliesslich ins «beste» Guesthouse der Stadt, das – wie Sie am nächsten Tag erfahren werden – dem Onkel des «Taxifahrers» gehört.

Der Faktor Kultur lässt das Reisen oft erst richtig spannend – und manchmal auch erst richtig anstrengend – werden. Grundlegend unterschiedliche Vorstellungen treffen aufeinander, was bereichernd und aufreibend zugleich sein kann. Alles in allem ist es wohl kaum übertrieben zu sagen, dass der Faktor Kultur eine der grössten Herausforderungen während einer Reise darstellt. Andererseits: Was bliebe vom Reisen übrig, wenn es auf der Erde lediglich eine kulturelle Welt gäbe?

Was es zu beachten gilt

Im Prinzip müssen Reisende in einem anderen Kulturkreis mit praktisch allem rechnen. Und genau dies ist das Verrückte: Es sind exakt die Dinge, die wir uns nicht vorstellen können, die unser Weltbild über kurz oder lang auf den Kopf stellen werden. Denn könnten wir uns die Dinge vorstellen, würden sie uns nicht derart aus der Fassung bringen. Reisende werden immer einige Energie in den Umgang mit fremden Kulturelementen stecken müssen. Etwas Neues kennen zu lernen ist spannend und zugleich anstrengend – dies trifft auch auf das ungewohnte kulturelle Umfeld zu.

Neben der Tatsache aber, dass eine fremde Kultur eine Wirkung auf Reisende ausübt, haben Traveller umgekehrt während einer Reise einen Einfluss auf die Kultur – und damit auf die Gesellschaft – des Reiselandes. Reisende sollten allerdings ihr Möglichstes tun, um diesen Einfluss minimal zu halten.

Nicht zuletzt übt das Zusammentreffen unterschiedlicher kultureller Hintergründe auch in der Praxis des Alltags einen Einfluss aus. Dieser besteht darin, dass zwischen Menschen aus unterschiedlichen Kulturkreisen wohl endlos viele Möglichkeiten für Kommunikationsschwierigkeiten und Missverständnisse bestehen. Vor dieser Tatsache sind auch Traveller nicht gefeit.

Doch bevor wir diese Wirkungen genauer betrachten, ein Wort zum nicht ganz einfachen Begriff «Kultur»: Es gibt eine Bedeutung im Volksmund, mit der Dinge wie Folklore, Literatur oder ein Opernbesuch gemeint sind. Darum geht es in diesem Kapitel nicht. Die Rede soll vielmehr von der Kultur einer Gesellschaft sein. Dabei wird unter dem weitläufigen Begriff Kultur das verstanden, was Menschen denken und wie Menschen sich verhalten, abhängig davon, welche persönlichen Wertvorstellungen und Grundüberzeugungen sie besitzen und welche Normen in ihrer Gesellschaft gelten. (Dies ist eine von vielen Kulturdefinitionen. In der Wissenschaft gibt es unzählige Werke, die einzig der Frage nachgehen, wie der Begriff der Kultur zu definieren sei. Der Einfachheit halber soll hier mit einem simplen und verständlichen Kulturbegriff gearbeitet werden.)

Die kulturellen Prozesse, die beim Reisen eine Rolle spielen, können in drei verschiedene Wirkungsbereiche unterteilt werden:
- Die Wirkung einer fremden Kultur auf Reisende
- Die Wirkung eines Reisenden auf die Kultur und die Gesellschaft des Reiselandes
- Die Auswirkung kultureller Differenzen auf Situationen des Alltags (Kommunikationsschwierigkeiten/Missverständnisse)

Die Definition des Begriffes «Kultur» ist nicht einfach. Auch die Wissenschaft tut sich schwer damit. Simpel und verständlich formuliert, ist Kultur das, *was Menschen denken* und *wie Menschen sich verhalten,* abhängig davon, welche Wertvorstellungen und Grundüberzeugungen sie in ihrem Leben gelernt haben und welche Normen in ihrer Gesellschaft gelten.

Die Wirkung fremder Kultur auf einen Traveller

Oft taucht in diesem Zusammenhang der Begriff des Kulturschocks auf. Dieser bezeichnet im breiten Sprachgebrauch eine Art Schock (als illustrativer Begriff), der Reisenden widerfährt, wenn sie erstmals mit einer neuen Kultur konfrontiert werden. Personen, die unter Kulturschock stehen, werden durch die neue Umgebung überfordert oder brüskiert, empfinden vielleicht Unverständnis oder Ablehnung gegenüber dem Unbekannten oder fühlen sich niedergeschlagen; manche ärgern sich auf einmal masslos über sämtliche Dinge, die nicht in ihr Weltbild passen, oder nehmen ihre eigene Kultur als überlegen wahr. In manchen Fällen können diese schlechten Gefühle so weit gehen, dass die Person nur eines möchte: Nichts wie weg! Am besten nach Hause, und am besten sofort! In diesem Zusammenhang muss angemerkt werden, dass ein Kulturschock auch sehr weltoffene Personen und durchaus nicht nur Neulinge in der Reisewelt treffen kann.

Von der Möglichkeit eines Kulturschocks sollten Reisende sich jedoch weder abschrecken noch unterkriegen lassen. Im Normalfall verschwinden die Symptome rasch, und danach öffnet sich der Weg zu all den schönen, bereichernden, manchmal witzigen und oft unvergesslichen Erlebnissen in einem anderen Kulturkreis. Denn sind die ersten Schwierigkeiten einmal überstanden, ist Reisen in jedem Fall eine Horizonterweiterung: Der Kontakt mit einer anderen Kultur und einem anderen Alltag rückt unsere Beziehung zum eigenen Alltag in ein anderes Licht, fördert unsere zwischenmenschlichen Fähigkeiten, ermöglicht interkulturelles Verständnis und lässt uns – nicht nur im geografischen Sinn – Grenzen überschreiten.

In der Wissenschaft meint der aus der Anthropologie stammende Begriff des Kulturschocks etwas anderes als im alltäglichen Sprachgebrauch. Im Gegensatz zum Alltagsverständnis eines Kulturschocks (akute Schwierigkeiten bei der ersten Konfrontation mit einer unbekannten Kultur) steht der Begriff im wissenschaftlichen Zusammenhang als Sammelbezeichnung für eine Reihe psychischer Reaktionen auf eine fremde Kultur, wenn sich eine Person längere Zeit in einem anderen Land niederlässt. Diese Reaktionen, die meist auf eine Phase anfänglicher Euphorie folgen, sind vielfältig. Sie können von Appetitlosigkeit oder Heisshungeranfällen über erhöhten Schlafbedarf oder Schlaflosigkeit bis zu einem reduzierten Selbstwertgefühl infolge Unsicherheit und zu vermeintlichem Statusverlust führen. Mittlerweile hat sich der Laienbegriff von Kulturschock allerdings auf breiter Front durchgesetzt.

Die Wirkung eines Travellers auf eine andere Kultur

Als Traveller hat unsere Anwesenheit in einem anderen Land in jedem Fall Auswirkungen auf die Menschen und somit auf die Kultur des bereisten Landes. Es ist illusorisch zu glauben, ein unberührtes Land zu bereisen und dieses genau so unberührt wieder zu verlassen. Dabei können die Einflüsse in gleichem Masse positiv wie negativ sein. Während zum

Beispiel überhöhte westliche Ansprüche in Bezug auf Komfort einheimische Kleinbetriebe in Verlegenheit bringen und negative Gefühle der Lokalbevölkerung gegenüber Reisenden schüren, kann kulturell angepasstes Reisen die Wertschätzung und den Respekt gegenüber der Kultur des bereisten Landes vermitteln und die Destination ökonomisch auf nachhaltige Weise unterstützen.

Es liegt in der Verantwortung jedes einzelnen Travellers, auf welche Weise das bereiste Land durch seine Anwesenheit geprägt wird. Ein «Mountain-Guide» in Nepal hatte seine diesbezügliche Bitte an Reisende unübersehbar auf sein T-Shirt geschrieben. Sie lautete: «Himalaya is here to change you, not you to change Himalaya!»

Kulturelle Unterschiede in Alltagssituationen

Wie bereits angetönt, zeigen sich kulturelle Unterschiede auch in ganz alltäglichen Situationen des (Reise-)Lebens. Wenn Sie beispielsweise in Spanien in einer Bar nicht bedient werden, hängt dies nicht mit spanischer Bösartigkeit zusammen, sondern damit, dass Sie Ihre Bestellung dem Angestellten hinter der Bar zu wenig vorlaut entgegenrufen. Und wenn dieser die Kaffeetasse schliesslich so vor dem Gast auf den Tresen knallt, dass dieser sich Sorgen um die Bruchfestigkeit des Geschirrs macht, ist dies nicht ein Zeichen für mangelnde Sympathie, sondern ein Indiz dafür, dass er einen schlechten Tag hat. Was durch die «Kulturbrille» der reisenden Person an einen ungehobelten Flegel gemahnt, ist mit Blick durch die «spanische Brille» normales Verhalten: Der Kellner hat ganz einfach einen schlechten Tag und keine Lust zu arbeiten! (Doch dies ist absolut kein Grund, sich als Besucher der Bar zu ärgern. Genau so wie der Angestellte heute seiner Unlust Ausdruck gibt, wird er am nächsten Tag seine gute Laune als Anlass nehmen, ein Bier zu spendieren.)

Dies ist nur ein Beispiel von vielen dafür, wie Kulturunterschiede in banalen Alltagssituationen zu fundamentalen Missverständnissen führen können. Der Grund dafür liegt in unserem kulturellen Hintergrund: Jede Person betrachtet und interpretiert die Welt durch ihre eigene «Kulturbrille». Diese entsteht im Laufe der Jahre durch die Sozialisation in einem bestimmten Umfeld, einer bestimmten Gesellschaft und einem bestimmten Kulturkreis. Solange wir uns in unserem gewohnten Umfeld aufhalten, hilft diese «Brille» uns, Geschehnisse einzuordnen, Personen einzuschätzen und generell als Mitglied der Gesellschaft mühelos in ihr zu «navigieren». In einem anderen Kulturkreis passt diese «Brille» jedoch nicht mehr perfekt auf das uns umgebende Umfeld. Sie kann somit zu Missverständnissen führen, indem wir Gegeben-

Die «Kulturbrille», durch die wir die Welt betrachten, interpretieren und verstehen, ist durch unseren kulturellen Hintergrund entstanden. Es ist unmöglich, sie von einem Tag auf den anderen gegen eine andere einzutauschen. Um kulturelle Missverständnisse zu entschärfen, ist es jedoch bereits hilfreich, sich der Existenz einer solchen «Brille» bewusst zu sein.

Ila und Fallail

Ila trägt einen traditionellen Sari aus Seide, einen roten Samtpunkt mit Brillant und Gold auf der Stirn und um beide Handgelenke klimpernde Armreife. Wie aus einem Märchen entsprungen, steht sie auf einmal vor mir auf der Veranda, wo ich – von Müdigkeit und tropischer Nachtluft schläfrig – am lesen bin. Die Sicherheit, nicht zu träumen, erlange ich erst, als sie mich in makellosem Englisch mit unverkennbar indischem Singsang begrüsst und sich für die Störung entschuldigt. Ihr sei ein wenig langweilig, meint sie. Ob sie mir ein paar Fragen stellen dürfe? «Klar», sage ich, erfreut über diese unerwartete Abwechslung.

Nachdem ich erst von ihr erfahre, dass sie als Ärztin in Kaschmirs Hauptstadt arbeitet, traditionelle Hindi ist und mit ihrem Mann hier auf Mauritius «Honeymoon» verbringt, trifft sie mit ihrer ersten Frage ins Schwarze. «Bist du mit deinem Mann hier?», fragt Ila unbefangen (die Frage scheint einfach…!). «Mit meinem Freund», sage ich (welch naive Antwort von mir!). Ila schaut ungläubig, dann neugierig: «Schlaft ihr im selben Zimmer?» «Ja, wir schlafen im selben Zimmer», antworte ich schmunzelnd. Ein prüfender Blick. «Wissen deine Eltern, dass du hier bist mit ihm?» Die Bestätigung meinerseits stiftet noch mehr Verwirrung.

Dann, auf einmal, blinzeln Ilas Augen mich freundschaftlich an. Obwohl wir uns erst seit fünf Minuten kennen, senkt sie verschwörerisch die Stimme: «So ist es also nur zum Liebe machen?», flüstert sie. Jetzt bin ich diejenige, die sie mit grossen Augen anschaut. Als ich die Ernsthaftigkeit der Beziehung beteuere, atmet Ila auf und sagt in sehr bestimmtem Ton: «Dann musst du aber heiraten. Wenn du ihn liebst, dann musst du heiraten!»

Am nächsten Morgen treffen wir Ilas Mann Fallail. Er sieht aus wie ein Bollywood-Star, allerdings authentisch, ohne Kitsch. Fallail ist genauso herzerwärmend offen und sympathisch wie seine Frau. Nach kurzer Zeit fragt er, ob wir ihm einen «Nailclipper» – eine Nagelschere – leihen könnten. «Kein Problem», sagen wir, denn wir haben mindestens zwei davon mit uns. Fallail bedankt sich grosszügig und verschwindet. Nach erledigter Maniküre kommt er ohne Nagelschere, dafür mit einem Haufen Komplimente in unser Appartement zurück: «Das ist die beste Nagelschere, die ich je gesehen habe!», meint er begeistert. Swiss Quality, das merke man, fügt er an.

Die überschwängliche Begeisterung über einen simplen Nagelclipper scheint uns von Fallails Seite einen mehr oder weniger offenen Wunsch zu offenbaren, das kleine Utensil zu behalten. Problemloser Wunsch, denken wir und sagen, er könne den Wunder-Nagelclipper auf jeden Fall behalten. Fallail verschwindet.

Etwas später taucht Ila auf. In ihrer liebenswürdigen Art nimmt sie mich wie ihre kleine Schwester auf die Seite: «Du musst irgendwann sagen, die Nagelschere sei ein Geschenk von dir an mich. Verstehst du? Aber ganz nebenbei, es soll niemand merken, dass ich mit dir darüber geredet habe. Mein Mann kann das Geschenk sonst auf keinen Fall annehmen!», sagt sie eindringlich.

Kurz vor unserer Abreise spazieren wir zu viert dem Strand entlang. Mein Freund und Fallail nebeneinander, Ila und ich Hand in Hand. Sie beide in indischer Seide, wir in Surfshorts und Trägershirts. Doch Freundschaft verbindet. So reden und lachen wir gemeinsam, wir, die wir kaum verstehen können, wie unverständlich unser unverheiratetes Leben für sie ist, und sie, die von uns denken müssen, wir wüssten nicht einmal, wie man richtig Geschenke macht!

Da sagt Ila auf einmal: «Wir werden euch im Sommer für zwei Wochen besuchen. Bei euch zu Hause, auch wenn ihr nicht verheiratet seid.» Ich versichere, unsere Tür stehe immer offen, und füge beiläufig an: «Übrigens, Ila, die Nagelschere ist ein Geschenk von mir an dich.» Ila nickt, und ich habe die grösste Mühe, ernst zu bleiben.

Mein kultureller Hintergrund bricht ein wenig durch und ich muss schmunzeln. Ila schaut nochmals auf und verkündet, ebenso schmunzelnd: «Und wenn wir euch besuchen, dann sorge ich in diesen zwei Wochen dafür, dass ihr heiratet!»

heiten oder Handlungen von Personen nicht richtig interpretieren und falsch einschätzen.

Kulturschock vorbeugen – und ihn überstehen

Unmittelbar nach der Ankunft wird eine unbekannte Kultur ihre Wirkung auf einen Reisenden entfalten. Damit diese Wirkung nicht allzu unvorbereitet eintritt, dafür kann bereits vor der Abreise gesorgt werden. Informieren Sie sich im Vorfeld der Reise über die Kultur, die gesellschaftlichen Wertvorstellungen und Normen Ihres Reiseziels, und machen Sie sich mit den gesellschaftlichen Gepflogenheiten, Sitten, Wertvorstellungen und kulturellen Normen vertraut.

Die Auseinandersetzung mit der Kultur des Reiselandes im Vorfeld der Reise gehört in jedem Fall zum Konzept des rücksichtsvollen und nachhaltigen Reisens. Ausserdem wird dadurch der Kulturschock nach der Ankunft vermindert.

Daneben sollte die Anreise in einem realistischen sowie physisch und mental erträglichen Rahmen geplant werden. Wer zwölf Stunden wie eine Sardine in der Economy Class eines Flugzeugs gesessen hat, anschliessend sechs Stunden auf einem Flughafen schläft und sich danach auf eine mehrstündige Bootsfahrt begibt, wird für einen Kulturschock wesentlich anfälliger sein als eine Person, die das Reiseziel ausgeruht erreicht. Ausserdem steigt die Gefahr eines Ankunftskollers exponentiell mit der Anzahl frustrierender Erlebnisse innerhalb der ersten Stunden einer Reise. Eine möglichst entspannte Anreise und eine einigermassen vorbereitete Ankunft wird sich daher auf alle Fälle auszahlen.

Einmal im Land, empfiehlt es sich, kulturelle Akklimatisationszeit einzurechnen. Am ersten Tag kann es beispielsweise ratsam sein, die nähere Umgebung auf einem kurzen Spaziergang zu erkunden anstatt die erste grosse Entdeckungstour zu unternehmen. Ist ausserdem eine Weiterreise geplant, so sind ein paar Tage Ruhezeit ganz angenehm. Dies gilt besonders dann, wenn Zeitverschiebung oder starke klimatische Veränderungen mit im Spiel sind, eine anstrengende Anreise hinter einem liegt oder eine Weiterreise auf dem Programm steht.

Schlittert man trotzdem in einen Kulturschock, hilft ein schrittweises Erkunden der neuen Welt dabei, diesen zu überwinden. Fassen Sie täglich einen kleinen Vorsatz, um das Vertrauen in die neue Umgebung zu fördern. Nehmen Sie sich beispielsweise vor, ein unbekanntes Gericht zu probieren, eine kurze Fahrt mit einem öffentlichen Verkehrsmittel zu machen oder die nähere Umgebung Ihrer Unterkunft zu Fuss zu erkunden.

Manchmal bewirkt ein Kulturschock den unbändigen Wunsch, sofort wieder nach Hause zu wollen. Dies ist unter Travellern keine unbekannte Reaktion. Anstatt die Rückreise zu organisieren, lohnt es sich, den folgenden Pakt mit sich selbst abzuschliessen: «Wenn ich mich in drei Tagen noch ähnlich schlecht fühle, darf ich die Rückreise antreten.» Nutzen Sie diese drei Tage, um sich Ruhe zu gönnen und die Gegend kennen zu lernen. In den meisten Fällen werden dann die Überforderung und das Heimweh verflogen sein.

Die unzähligen Eindrücke in einer neuen Umgebung wirken meist ermüdend. Dies gilt vor allem für den Anfang einer Reise, kann aber auch im weiteren Verlauf der Fall sein. Gönnen Sie sich daher während der gesamten Reisezeit genügend Ruhe, um das Erlebte zu verarbeiten. Der Rückzug ins Hotel oder Guesthouse, das Schreiben eines Tagebuchs, das Lesen eines entspannenden Buchs in der eigenen Muttersprache oder Musik hören kann Balsam für die Seele sein. Natürlich sollten dabei Abenteuerlust und Neugier nicht auf der Strecke bleiben. Allerdings ist der Bereich zwischen Neugier und Überforderung oftmals eine Gratwanderung. Nehmen Sie sich daher genug Zeit, um in Ruhe Energie für die nächsten Abenteuer zu tanken.

Einmal akklimatisiert und voller Reisetatendrang, sind Neugier und Offenheit die Schlüssel zu unvergesslichen Reiseerlebnissen.

»Minimal Impact» – Reisen ohne Fussabdruck

Ein Reisender hat das Privileg, Gast in einem fremden Land zu sein. Es ist daher höflich, sich in einer anderen Kultur so zu verhalten, als wäre man zu Gast in einem fremden Haus. Konkret heisst dies: einer anderen Kultur mit Respekt und Bescheidenheit begegnen. Besonders bei Reisen in Drittweltländern ist ein bewusstes und adäquates Verhalten zentral.

Die rechtzeitige Information – vor der Abreise – über gesellschaftliche Regeln des guten Benehmens, des richtigen Tons und des angepassten Umgangs in spezifischen Situationen ist unabdingbar. Häufig handeln Reisende nicht mutwillig rücksichtslos, sondern aus purer Ignoranz. Eine Auseinandersetzung mit der Kultur des Reiselandes schärft das Bewusstsein und das kulturelle Fingerspitzengefühl und unterstützt so «sanftes» Reisen.

Folgende Bereiche des alltäglichen Lebens sind in einer Gesellschaft häufig speziellen Verhaltensregeln unterworfen:

- Die Kleidung
- Die Begrüssung
- Die Einnahme von Mahlzeiten
- Der Besuch religiöser Stätten
- Die Intimsphäre
- Der Umgang mit Geld
- Der Umgang mit Alkohol
- Die Beziehung zwischen Mann und Frau
- Das Verhalten von Gästen bei einem Gastgeber

Informieren Sie sich darüber und passen Sie sich entsprechend an.

Neben offensichtlich kulturell geprägten Bereichen wie der Kleidung oder dem Besuch von religiösen Stätten bleibt eine Quelle für das unangenehme Auffallen von Travellern häufig ausser Acht: die Fotografie. Der Wunsch von Travellern, schöne Fotos von Menschen aus anderen Kulturkreisen mit nach Hause zu bringen, steht oft in Konflikt mit den Wertvorstellungen der abgelichteten Personen. Eine Tatsache, die zu häufig vergessen geht! Fragen Sie daher in jedem Fall, bevor Sie knipsen, ob der oder die Fotografierte damit einverstanden ist. Richten

Sie Ihr Objektiv auf Kinder, erkundigen Sie sich bei deren Aufsichtspersonen (falls anwesend), ob ein Foto genehm ist. Auch die Unbedenklichkeit des Ablichtens heiliger Stätten, Tiere oder Gegenstände sollte im Voraus abgeklärt werden. Vermeiden Sie es ausserdem, Menschen als Gegenleistung für ein Foto Geld zu geben. Dies bringt sowohl den «konsumierenden» Traveller wie auch die «käufliche» Person in eine fragwürdige Position. Eine nette Geste ist es andererseits, die Adresse der Fotografierten zu notieren und das Foto später per Post zuzustellen. Gerade in Ländern, in denen ein Fotoapparat für die meisten ein unerschwinglicher Luxus darstellt, können Sie Leuten damit ein ehrliches Geschenk machen.

Wer im Reiseland gerne Personen fotografiert, sieht sich gleich mit mehreren Problemen konfrontiert: Viele Personen wollen nicht abgelichtet werden. Ausserdem wirkt es aufdringlich, mit einem Objektiv auf jemanden zu «zielen». Eventuell sind so genannte Winkelkonverter für Spiegelreflexkameras eine Lösung. Es handelt sich dabei um einen kleinen Spiegel, der vorne auf das Objektiv gesetzt wird. So wird nicht jener Ausschnitt abgelichtet, auf den das Objektiv gerichtet ist.

Auch ein wohl überlegtes Konsumverhalten ist Teil des rücksichtsvollen Reisens. Dazu gehören sowohl der Kauf von Gegenständen und Esswaren, aber auch der «Kauf» – sprich: die Buchung – von Aktivitäten. Kurz: Tun oder kaufen Sie keine Dinge, die kulturell oder ökologisch nicht vertretbar sind, von der Lokalbevölkerung aber angeboten werden, weil sie unter Travellern eine Nachfrage (und somit finanziellen Profit) generieren. Kaufen Sie z. B. lokalen Tee anstatt einer Dose Coca-Cola (die Dose wird eingeflogen und kann anschliessend nicht entsorgt werden), essen Sie in buddhistischen Ländern ein Gemüse-Curry anstatt eines Steaks (für die Person, die das Tier schlachten musste, bedeutet dies sehr schlechtes Karma!) oder gehen Sie im unberührten Gebirge eher trecken anstatt «Heli-Skifahren».

Egal, was Sie tun: Versuchen Sie, dem Grundsatz des «Minimal Impact» – des kleinst möglichen Einflusses – zu folgen. Ein Grundsatz, der sowohl für kulturelle als auch für ökologische Belange einer Reise gilt.

Beim Thema Kultur und Gesellschaft muss nicht zuletzt das Betteln angesprochen werden. Fast alle Reisende werden unterwegs von bettelnden Personen um ein kleineres oder grösseres Almosen gebeten. Traveller bringt dies in eine verzwickte Situation: Einerseits will man helfen, andererseits ist es fragwürdig, manche Formen des Bettelns zu unterstützen. Es bleibt daher immer eine schwierige Entscheidung, ob und – wenn ja – wie viel Geld oder Naturalien einer bettelnden Person gegeben werden. Die Entscheidung liegt beim Reisenden und dessen gesundem Menschenverstand. Eine grundsätzliche Regel gilt immer: Bettelnden Kindern sollte kein Geld gegeben werden. Sie werden in vielen Fällen von ihren Eltern zum Betteln gezwungen und können dadurch – im schlechtesten Fall – keine Schule besuchen. Informieren Sie sich bei anderen Travellern

«Beds on Legs» in Kirgistan

Seit zwei Tagen befanden wir uns in einem Paradies aus zwei stattlichen Jurten am Ufer des Song-Köl-Sees, auf einer Hochebene in Kirgistan, 3000 Meter über Meer. In diesen Tagen hatten wir kirgisisches Nomadenleben in seinem Ursprung erlebt und abgesehen vom alten, russischen Lada, der vor der Jurte geparkt war, schienen Mensch, Tier und Natur weitgehend in Einklang zu leben.

Dank eines auf nachhaltigen Tourismus spezialisierten schweizerisch-kirgisischen Projekts namens CBT (Community Based Tourism) war es möglich gewesen, den speziellen «Homestay» zu organisieren, und es war ein wunderbares Privileg, diesen Teil Kirgistans so authentisch zu erleben. Wir ritten auf kleinen, kirgisischen Pferden, melkten zum ersten Mal im Leben eine Kuh, tranken frischen Tee oder lagen einfach auf einem Schaffell in der Sonne und genossen die Ruhe an diesem abgelegenen Ort.

Gegend Abend fuhr auf einmal ein Wagen vor, aus dem ein grosser, blonder Europäer stieg. Neben uns, die wir seit rund zwei Wochen keine Dusche gesehen hatten, sah er in seiner feinen Kleidung eher merkwürdig aus. Ohne uns im dämmrigen Licht zu entdecken, schritt er geschäftig um die Jurten, während sein Fahrer im Geländewagen blieb. Er schaute sich alles genau an und machte fleissig Notizen. Schliesslich stiess er auf die älteste Tochter der Familie. Sie sprach einige Brocken Englisch, und er begann, ihr offenbar Wichtiges zu erklären.

Unser Erstaunen wuchs von Minute zu Minute, und in dem Augenblick, als er der nun vor der Jurte versammelten Familie Fragebogen und Kugelschreiber verteilte, konnten wir unsere Neugier nicht mehr verbergen. Wir gesellten uns zur Gruppe. Unsere Anwesenheit verdutzte den emsigen Herrn. Mit Travellern hatte er hier offenbar nicht gerechnet. Nach einem ersten Moment der Verunsicherung fasste er sich wieder und erklärte uns, dass er im Auftrag der Europäischen Union hier sei, um herauszufinden, auf welche Weise der Tourismus in Kirgistan angekurbelt werden könne.

Bei den Worten «Tourismus ankurbeln» wurden wir etwas skeptisch. War es doch gerade diese Unberührtheit, das absolut authentische, was wir hier genossen! Doch bevor wir ihn in eine Diskussion verwickeln konnten, instrumentalisierte er uns kurzerhand für seine Umfrage und drückte jedem von uns einen Fragebogen in die Hand.

Was wir da sahen, überstieg unsere wildesten Fantasien. Neben Angaben zur «Hygiene in der Jurte» – welche der Herr von der EU übrigens mangels fliessendem Wasser in der Küche als unhaltbar erachtete – konnten wir mittels Ankreuzen von Kästchen mitteilen, was unseren Jurten-Aufenthalt noch angenehmer gestalten würde. Als wir Dinge wie «Flushing Toilet» (anstatt Plumpsklo) und «Beds on Legs» (anstatt Schaffelle am Boden) lasen, brachen wir in schallendes Gelächter aus. Das Bild einer Jurte mit fliessend Wasser und einem Doppelbett in der Mitte war schlichtweg absurd!

Als wir uns vom Lachen erholt hatten, wurden wir traurig. Uns wurde bewusst, dass da draussen einer stand, der vielleicht noch nie in einer Jurte übernachtet hatte und im Auftrag einer weit entfernten Institution diese 3000 Jahre alte, traditionelle Wohnform Kirgistans «zu Touristen-Zwecken verbessern» wollte. Je länger wir darüber nachdachten, umso bedrückter wurden wir. Wehmütig überlegten wir uns, ob wir wohl zur letzten Generation gehörten, die dieses Paradies am Song-Köl-See erleben durften.

Schliesslich füllten wir die Fragebogen aus. Kreuze machten wir allerdings keine. Wir schrieben nur eines: «Lassen Sie dieses Paradies so, wie es ist!»

oder Einheimischen über die Situation der Bettler.

Missverständnisse begreifen

Kulturelle Unterschiede führen im Alltag vor allem zu einem: zu Missverständnissen. Wie bereits im Beispiel mit den «Kulturbrillen» erwähnt, werden sie im Normalfall dadurch ausgelöst, dass die (verbale und nonverbale!) Kommunikation zweier Gegenüber nicht aufeinander abgestimmt ist.

Was Handlungen und Auftreten anbelangt, ist es lohnend, den lokalen Usus zu beobachten, um hinter die «Geheimnisse» der lokalen Kultur zu kommen. Auf einer anderen Ebene – jener der Interpretation und des Verständnisses von Handlungen und Aussagen – ist es schwieriger, die Eigenheiten eines Landes zu erfassen; fundierte Kenntnisse der jeweiligen Kultur sind dazu notwendig. Allerdings existiert ein relativ simples Instrument, vorschnelle Missinterpretationen einer Aussage (verbal oder nonverbal) auf Seiten des «Empfängers» auszuschalten. Es funktioniert so, dass Fakt und Interpretation während der «Verarbeitung» der aufgenommenen Information streng getrennt werden. Diese Differenzierung verhindert falsche Interpretationen einer Situation als Folge der verschiedenen Kulturbrillen von «Sender» und «Empfänger». Was auf diese Weise sehr theoretisch und komplex klingt, wird anhand eines Beispiels einfacher zu verstehen sein. Beachten Sie bitte die verschiedenen Interpretationsarten in unten stehender Textbox.

Im interkulturellen Kontext führt die Kommunikation zwischen Menschen aus verschiedenen Kulturen oft zu Missverständnissen. Kommunikation findet sowohl auf einer verbalen als auch auf einer nonverbalen Ebene statt. Denken Sie daher daran, dass nicht nur Aussagen, sondern auch Handlungen und Auftreten einer Person (Haare, Kleidung etc.) auf beiden Seiten zu Missverständnissen führen können: Traveller sollten die Regeln der verbalen und der nonverbalen Sphäre kennen.

Um Missverständnisse zu vermeiden, hilft es, bei der Wahrnehmung einer bestimmten Situation Fakt und Interpretation zu trennen. Ein fiktives Beispiel dazu:

- *Ausgangslage:*
  Sie sehen ein Paar auf einer sandigen Strasse vorübergehen. Er trägt Schuhe, sie geht barfuss.
- *Intuitive Reaktion:*
  Furchtbar, wie zweitrangig Frauen hier behandelt werden!

Trennung von Fakt und Interpretation:

- *Fakt:*
  Mann trägt Schuhe, Frau trägt keine Schuhe.
- *Falsche Interpretation:*
  Es ist ein Privileg, Schuhe zu tragen. Sie wird benachteiligt.
- *Richtige Interpretation:*
  In dieser fiktiven Kultur gelten die Erde und alle Lebewesen als heilig. Die Frau, die als Mutter das Leben weitergibt, hat im Gegensatz zum Mann das Privileg, die fruchtbare Erde direkt mit den Füssen betreten zu dürfen. Die Füsse des Mannes gelten als unrein.

Treten trotz allem Missverständnisse auf, bleiben Sie gelassen und freundlich. Ein natürliches Lachen oder Schmunzeln, oder aber der Beizug eines Vermittlers kann Wunder wirken! Selbst wenn einen die Verhaltensweise des Gegenübers zur Weissglut treiben sollte, helfen Meckern und beleidigtes Schmollen ebenso wenig weiter wie ausfällige Bemerkungen oder ausgereifte Wutausbrüche. Betrachten Sie die Situation pragmatisch und aus einer gesunden Distanz: Interkulturelle Kommunikation ist und bleibt eine der grössten Herausforderungen einer Reise. Es ist daher nicht erstaunlich, wenn es mal nicht so läuft, wie man sich das als Traveller wünscht.

Sind die kulturellen Barrieren auf dem Weg zu einem bestimmten Ziel (z. B. ein gutes Guesthouse, ein Visum, ein Transportmittel) zu hoch, empfiehlt sich die Suche nach einem «interkulturellen Vermittler». Damit ist eine Person gemeint, die sowohl mit der Welt und den Bedürfnissen eines Reisenden vertraut ist, als auch den kulturellen Kosmos des Reiselandes kennt und somit in sprachlichen und kulturellen Belangen «übersetzen» kann.

---

fazit

Kultur ist etwas, was nicht in Dokumentarfilmen vermittelt werden kann. Kultur sieht, spürt, fühlt, riecht, hört und erlebt man. Gerade durch intensive Eindrücke und die Erfahrung von Widersprüchen und Andersartigkeit kann die Welt auf individuellen Reisen in ihrer Komplexität – und somit in ihrem Reichtum und ihrer Vielfältigkeit – erlebt werden.

Es ist schliesslich die Erfahrung unzähliger Welten ausserhalb der eigenen Lebenswelt, die uns bereichert und manche Zusammenhänge aus einer anderen Perspektive sehen lässt. Vielleicht können wir sogar unsere Lebensqualität im eigenen Alltag verbessern, indem wir unsere eigene Lebenswelt als eine von vielen erkennen.

Nicht zuletzt ist es heute, da vom «Clash of Civilizations» (Kampf der Kulturen) die Rede ist, täglich Bilder von religiös motivierten Auseinandersetzungen über die Mattscheibe flimmern und Kriege aufflammen, dringend an der Zeit, kulturellen Unterschieden zu begegnen: auf Reisen weit weg von TV-Sendern und Internet-News, auf Reisen nahe an den Menschen und dem Alltag anderer Gesellschaften.

_check

Was empfiehlt sich …

… punkto Wirkung fremder Kultur auf Reisende?

- Sich vor der Abreise über Kultur und Gesellschaft des Reiseziels informieren
- Anreise ohne grosse Strapazen planen, um die Reise möglichst entspannt zu beginnen
- Sprachführer, Kleingeld und Stadtplan des Ankunftsortes bereithalten
- Kulturelle Akklimatisationszeit nach der Ankunft im Reiseland einberechnen
- Sich während der gesamten Reise Zeit nehmen, um die vielen Eindrücke zu verarbeiten
- Sollte man unter Kulturschock leiden: die neue Welt in kleinen Schritten erkunden
- Eigene Bedürfnisse nicht vernachlässigen
- Neugierig und offen sein

… punkto Wirkung Reisender auf das bereiste Land?

- Der fremden Kultur mit Respekt und Bescheidenheit begegnen
- Sich rechtzeitig über gesellschaftliche Verhaltensregeln informieren (Kleidung, Intimitäten, Besuch religiöser Stätten etc.)
- Für das Ablichten von Personen sowie heiligen Gegenständen und Tieren immer um Erlaubnis fragen
- Thema Betteln: bei Einheimischen über Situation der Bettelnden informieren und Menschenverstand walten lassen (Kindern nie Geld geben!)
- Als wichtigste Grundlage: dem Grundsatz des «Minimal Impact» folgen (in kulturellen und ökologischen Belangen)

… punkto kultureller Unterschiede im Alltag?

- Sich über das Kommunikationsverhalten einer Gesellschaft ein Bild machen
- Bezüglich Kommunikation und Verhalten den lokalen Usus beobachten
- Situationen hinterfragen und nicht durch die eigene «Kulturbrille» interpretieren (Fakt und Interpretation trennen)
- Bei Missverständnissen: gelassen und freundlich bleiben, anstatt zu schmollen oder verärgert zu reagieren
- Bei allzu grossen kulturellen Hindernissen oder Differenzen einen «interkulturellen Vermittler» einsetzen

4 | *reisegepäck*

Wie schlepp ich meinen Schalenkoffer?

Sie sind auf dem Weg zum Flughafen und, wie so oft, etwas zu spät dran. Dementsprechend gehen Sie schnellen Schrittes über den Gehsteig – oder besser: würden gerne schnellen Schrittes über den Gehsteig gehen –, wenn Sie der Schalenkoffer, dieses Hightech-Ding mit elegantem Griff auf zwei Rollen, nicht daran hindern würde. Das Gepäckstück fährt nämlich partout nicht geradeaus, sondern kurvt schlingernd hinter Ihnen her und kippt bei jeder Bodenwelle zur Seite.

Gepäck kann die mühsamste Nebensache des Reisens sein. Gerade deshalb lohnt es sich, vor der Abreise die eine oder andere Überlegung diesbezüglich anzustellen. Ein übergewichtiges Koffermonster oder ein praktisches «Business Case», ein unhandlicher Seesack oder ein angenehmer Rucksack: Die Lebensqualität auf einer Reise wird durch die Wahl des Gepäckstücks wesentlich mitbestimmt.

Technisch ausgedrückt: Gepäck ist eine der grössten Schwachstellen während einer Reise, und dementsprechend häufig geht etwas schief. Es kann zu viel wiegen, aufplatzen, zu spät ankommen, vergessen werden oder sonst wie verschwinden – kurz: Es kann einem Traveller das Reiseleben zur Hölle machen und im schlimmsten Fall ganze Reisepläne vereiteln. Das Risiko, ob und – wenn ja – was dem Gepäck zustösst, ist allerdings durch den Reisenden zumindest teilweise beeinflussbar.

So wird eine überlegte Planung der Art und der Anzahl Gepäckstücke die Wahrscheinlichkeit von Zwischenfällen unterwegs bereits reduzieren. Ebenso lohnenswert ist ein systematisches Vorgehen beim Packen: Einerseits wird dadurch die Reise und die Ankunft im Reiseland erleichtert, andererseits ist der Verlust eines Gepäckstücks meist weniger gravierend, wenn dieser Fall beim Packen bereits mit eingeplant wird.

Sollte der «Worst Case» – der teilweise oder gesamte Verlust des Gepäcks – unterwegs tatsächlich eintreten, bleibt Travellern nichts anderes übrig, als einen kühlen Kopf zu bewahren. Am besten fühlen werden sich jene mit viel Gelassenheit, grossem Improvisationsgeschick und einer guten Gepäckversicherung.

Was es zu beachten gilt

Früh geplant ist halb gepackt
Überlegen Sie im Voraus, wie Sie Ihr Gepäck während der Reise transportieren müssen. Denn bei weitem nicht jedes Gepäckstück eignet sich für jede Reise. Abhängig von Reisedauer, Reisestil und geplanten Aktivitäten wird sich ein anderes Gepäckstück – oder eine bestimmte Kombination von Gepäckstücken – als beste Wahl herausstellen. Solche Überlegungen mögen banal klingen, sind aber mit Blick auf den Reisekomfort nicht zu unterschätzen.

Insbesondere die Frage, wie weit ein Traveller unterwegs sein Hab und Gut zu Fuss transportieren muss, wird bei der Planung des Gepäcks einen zentralen Stellenwert einnehmen. Während beispielsweise zwei Schalenkoffer und ein kleiner Beautycase zwar unverwüstlich sind, bleiben sie für eine einzelne Person (ohne Gepäckwagen) nicht transportierbar. Im Gegensatz dazu hat ein Reisender trotz gigantischem Rucksack und zwei an den Schulterriemen mit Karabinern befestigten kleineren Taschen immer noch beide Hände frei. Wer also direkt vom Flughafen abgeholt wird und auf knitterfreie Wäsche angewiesen ist, hat nicht dieselben Bedürfnisse wie ein Traveller, der sich nach der Ankunft den Weg durch eine unwegsame Stadt schlagen muss.

Ist ein Traveller darauf angewiesen, sein Gepäck über kürzere Distanzen aus eigenen Kräften zu transportieren, leistet ein Rucksack bessere Dienste als ein Koffer. Ausserdem ermöglichen Karabiner, die vorne an den Schultergurten angehängt werden, das Befestigen weiterer kleiner Taschen. Das Freibleiben der Hände lässt Reisenden grösstmögliche Bewegungsfreiheit.

ACHTUNG: Wird ein Rucksack über längere Zeit getragen (z. B. auf einem Trekking), sollte er nicht schwerer als ein Viertel des Körpergewichts des Trägers bzw. der Trägerin sein. Schwerere Rucksäcke werden von durchschnittlich gebauten Personen als unangenehm wahrgenommen. Ausserdem belasten sie die Gelenke übermässig.

Neben Art und Anzahl der Gepäckstücke ist deren Gewicht von Interesse. Einerseits ist man bei Reisen mit dem Flugzeug an rigide Gepäcklimiten gebunden, andererseits fallen schwere Gepäckstücke beim Reisekomfort sprichwörtlich «ins Gewicht». Wer sich an der zulässigen oder tragbaren Gewichtslimite bewegt, sollte den Koffer oder den Rucksack probepacken. Dem Flugzeugpassagier wird empfohlen, seine Gepäckstücke bereits zu Hause einer Gewichtskontrolle zu unterziehen. Denn die Gebühren, die von den Fluggesellschaften für «Übergewicht» erhoben werden, können rasch ins Geld gehen.

Denken Sie ausserdem daran, dass Koffer, Taschen und Rucksäcke im Gegensatz zu Travellern nicht mit jeder Reise robuster werden. Im Gegenteil: Ein älteres Gepäckstück ist wesentlich schadensanfälliger und unstabiler als ein neues Exemplar. Planen Sie, ein älteres Stück mit auf die Reise zu nehmen, ist es sinnvoll, dieses bereits vor dem grossen Tag des Packens genauer unter die Lupe zu nehmen und Nähte, Schnallen, Riemen sowie allenfalls Räder zu kontrollieren. Es ist auf alle Fälle empfehlenswert, alte Koffer mit zusätzlichen Gurten zu sichern (vor allem bei Flugreisen) sowie für schwere Rucksäcke eine Ersatzschnalle für die Schliessung des Hüftgurts mitzunehmen.

Wer mit dem Flugzeug reist, ist mit rigiden Gepäcklimiten konfrontiert. Da die Airlines teilweise jedoch recht unterschiedliche Regeln kennen, lohnt sich ein Vergleich.

Für Flüge ausserhalb der USA und Kanada gilt grundsätzlich, dass ein Gepäckstück bis 20 kg aufgegeben werden darf. Zusätzlich kann ein Handgepäck mitgeführt werden, dessen Gewichtslimite je nach Airline zwischen 5 kg und 10 kg variiert (allerdings wird Handgepäck nicht von jeder Airline gewogen). Auf Flügen via USA oder Kanada sind die Fluglinien punkto Gepäck etwas grosszügiger: Bis Anfang 2005 konnten Reisende auf allen Flügen zwei Gepäckstücke zu je 32 kg einchecken. Mittlerweile sind einige Airlines dazu übergegangen, zwei Gepäckstücke zu je 23 kg zu genehmigen. Wer diese Limiten nicht respektiert und mit Übergewicht an den Schalter kommt, bezahlt beachtliche Gebühren. Die einzelnen Fluggesellschaften kennen unterschiedliche Regelungen. Eine übliche Formel zur Berechnung des Preises für Extra-Kilos lautet: 1 bis 1,5 Prozent vom First-Class-Flugpreis pro Kilogramm. Für Überseeflüge blättern Reisende also rasch an die 60 bis 80 Franken pro Kilogramm hin.

Wer ums Übergewicht oder den Transport von sperrigen Gütern nicht herumkommt, sollte dies bereits bei der Buchung des Flugs berücksichtigen. Viele Fluggesellschaften bieten für solche Fälle Spezialregelungen, wobei die Bedingungen sehr unterschiedlich sind. Eine kurze Abklärung vor der definitiven Buchung lohnt sich.

Am Anfang war der Koffer – was beim Packen zu bedenken ist

Kurz vor der Abreise gilt es ernst: Die Koffer und Rucksäcke wollen gepackt sein. Zugegeben, es wäre am einfachsten, wahllos alles in die Taschen zu stopfen. Erfahrung belehrt die Traveller jedoch eines Besseren: Systematik ist angesagt. Um dabei die Übersicht nicht zu verlieren, empfiehlt es sich, die (im Kapitel zur Reisevorbereitung erwähnten) Packlisten zu konsultieren und als Erstes mal alles an einem überschaubaren Platz auszubreiten. Anschliessend erleichtert eine Gruppierung der Dinge nach den Kriterien «Handgepäck» und «Hauptgepäck» die Beherrschung des Chaos.

Wer nicht auf knitterfreie Kleider angewiesen ist und keine zerbrechlichen Gegenstände transportiert, kann beim Packen des Hauptgepäcks nicht allzu viel falsch machen. Einzig bedenken sollte man, dass ein tiefer Schwerpunkt – sowohl bei Koffern als auch bei Rucksäcken – das Ziehen respektive das Tragen vereinfacht.

In Koffern mit Rädern werden schwere Gegenstände am besten möglichst nahe am Boden verstaut. Ein tief liegender Schwerpunkt minimiert Schlingerbewegungen und ein Umkippen beim Ziehen des Gepäckstücks. Auch ein Rucksack lässt sich angenehmer aufbuckeln und tragen, wenn Schweres möglichst weit unten und nah am Rücken gepackt wird.

Neben dem Gewicht bereitet während dem Packen auch immer wieder das Volumen Sorge. Viele Traveller entwickeln sich diesbezüglich geradezu zu «Kompressionskünstlern». Führen Sie sich in diesem Zusammenhang einfach zwei Tatsachen vor Augen: Erstens platzt oder reisst ein voll gestopfter Koffer oder Rucksack eher als ein weniger pralles Gepäckstück. Zweitens werden Taschen, Rucksäcke und Koffer im Verlauf einer Reise selten leichter und schlanker, sondern nach jedem Bazarbesuch schwerer und voller. Um Probleme auf der Rückreise zu vermeiden, lohnt es sich daher, bereits vor der Abreise etwas Platz für die schönen Erinnerungsstücke der Reise einzuplanen.

Was das kleinere Handgepäck anbelangt, so muss sorgfältiger überlegt werden, was mitgeführt wird. Speziell auf Flugreisen sind klare Regeln zu beachten, welche Gegenstände unbedingt und welche keinesfalls ins Handgepäck gehören. Zu Ersteren gehören alle Objekte, die unter Umständen die Flugsicherheit gefährden könnten. Werden diese im Handgepäck transportiert, kann das Sicherheitspersonal die Gegenstände problemlos kontrollieren (z. B. wird geprüft, ob in Tauchlampen der Akku für den Transport entfernt wurde oder ob Brennstoffflaschen für Benzinkocher keine Restdämpfe enthalten). Transportieren Sie solche Dinge im Hauptgepäck, ist der Aufwand zur Kontrolle sowohl für die Beamten als auch für Sie wesentlich grösser. Hingegen nicht ins Handgepäck gehört alles, womit dem Kabinenpersonal oder dem Flugzeug Schaden zugefügt werden könnte. Sicherheitsangestellte sind hier sehr vorsichtig. Es ist deshalb am einfachsten, von Anfang an sämtliche spitzen und scharfen Gegenstände im Hauptgepäck zu transportieren.

Eine sinnvolle Zusammenstellung des Handgepäcks macht lange An- und Weiterreisen wesentlich angenehmer. Packen Sie folgendes in Ihr Handgepäck:

- Proviant
- Genügend Getränke (v. a. im Flugzeug)
- Alles gegen Langeweile (Musik, Spiele, Bücher etc.)
- Reiseführer und Stadtplan des Ankunftsortes
- Wichtige Medikamente
- Kamera/Fotofilme
- Necessaire (v. a. Zahnbürste, Zahnpasta; im Flugzeug auch Feuchtigkeitscreme)
- Beispielsweise ein T-Shirt oder eine Wollkappe (je nach Destination), falls Ihr Hauptgepäck mit Verspätung ankommt
- Alles, was die Flugsicherheit gefährden könnte und von den Sicherheitsbehörden kontrolliert werden muss
- ACHTUNG: Nicht ins Handgepäck auf Flugreisen gehören sämtliche spitzen und/oder scharfen Objekte

Auf Fotofilme muss bei Flugreisen ebenfalls speziell geachtet werden. Grund dafür sind die am Flughafen eingesetzten Röntgengeräte, die noch nicht entwickelte Filme beschädigen können. Insbesondere seit den Terroranschlägen in New York kommen beim Durchleuchten des Hauptgepäcks vermehrt Hochleistungsscanner zum Einsatz. Diese hinterlassen auf unentwickelten Filmen Schleier, die später auf den entwickelten

Fotos oder Dias sichtbar sind und nicht mehr korrigiert werden können. Da die Strahlung der Scanner zur Überprüfung des Handgepäcks im Normalfall Filme nicht beschädigt, empfiehlt es sich, diese im Handgepäck zu transportieren. Wer aber ganz sicher sein will, sollte beim Sicherheitspersonal kurz nachfragen, ob die verwendete Röntgenmaschine «filmsafe» sei. Im Zweifelsfall nehmen Sie die Filmrollen und die Kamera besser aus dem Handgepäck und bitten das Personal um eine Inspektion von Hand. Denken Sie auch daran, Filme und Kameras aus dem Handgepäck zu nehmen, falls Sie dieses unvorhergesehen am Check-In aufgeben müssen.

Die im Fotofachhandel erhältlichen Bleibeutel für Filme bieten einen gewissen Schutz vor Beschädigung. Allerdings wird in Fachkreisen darauf hingewiesen, dass die Wirksamkeit der Beutel von verschiedenen Faktoren abhängt (Filmmaterial, Bleidicke). Ausserdem weckt ein eingepackter Bleibeutel oft die Aufmerksamkeit des Sicherheitspersonals, was das wiederholte Scannen eines Gepäckstücks zur Folge haben kann und das Risiko einer Beschädigung wiederum erhöht.

Etwas Kopfzerbrechen bereiten häufig auch Reisedokumente und Bargeld. Die Herausforderung besteht darin, Dokumente und Geld unterwegs rasch zur Hand zu haben und sie gleichzeitig vor fremden Händen zu schützen. Optimal erfüllen diesen Zweck flache Bauchtaschen, die unter der Kleidung getragen werden. Problematisch allerdings sind die häufig verwendeten, über der Kleidung getragenen Bauchtäschchen: Sie sind allzu offensichtlich und für Diebe einfach zu erbeuten. Wer die Dokumente im Handgepäck transportiert, sollte sie auf alle Fälle in ein verschliessbares Innenfach stecken.

Transportieren Sie wichtige Dokumente und Geld in einem unter der Kleidung getragenen Bauchtäschchen oder einem abschliessbaren Innenfach des Handgepäcks. Teilen Sie grössere Bargeldbeträge ausserdem auf verschiedene Gepäckstücke auf. Dies minimiert den Schaden, falls ein Gepäckstück abhanden kommt.

Versehen Sie zum Schluss jedes Gepäckstück (auch Handgepäck!) mit einem Adressanhänger. Am besten werden Heim- und Ankunftsadresse sowie allenfalls Handy-Nummer und E-Mail vermerkt. Ebenfalls notiert werden sollten die Reisedaten, damit der Koffer nicht nochmals ins Ausland fliegt, während der Besitzer bereits wieder auf dem Heimweg ist. Entfernen Sie ausserdem alte Gepäckstreifen und ungültige Adressanhänger, um Verwirrung zu vermeiden. Wer auf Nummer sicher gehen will, schliesst die Gepäckstücke ausserdem ab. Während viele Koffer über eine Schliessvorrichtung verfügen, können Rucksäcke und Taschen mit kleinen Schlössern an den Reissverschlussenden oder aber mit speziellen Metallnetzen gesichert werden.

Unterwegs mit Sack und Pack

Falls Sie nicht mit dem Flugzeug unterwegs sind, müssen Sie selbst für die Sicherheit Ihres Hauptgepäcks sorgen. Dabei ist die grösste Gefahr jene, das Gepäck durch Diebstahl zu verlieren. So werden in manchen Ländern, beispiels-

Der Tauchkoffer

Wiederholt wurde uns vor der Abreise geraten, für den Transfer vom Flughafen in Richtung Inselnorden ein Taxi zu nehmen oder einen Transport durch den Apartmentbesitzer zu organisieren. Wiederholt hatten wir – freundlich, aber bestimmt – geantwortet, als «Personen mit viel Reiseerfahrung» nicht auf touristische Infrastrukturen angewiesen zu sein.

So standen wir nun in strömendem Regen an einer Bushaltestelle, zwischen Zuckerrohrfeldern und ein paar zerfallenen Häusern, irgendwo auf Mauritius. Das Gute an der Sache war: Die Bushaltestelle hatte immerhin ein Dach, und einheimische Mauritier warteten ebenfalls (woraus wir den Schluss zogen, dass es tatsächlich Busse gab!). Das Schlechte an der Sache war: Wir waren nach gut 20 Stunden Reise hundemüde und hatten keine Ahnung, wo genau auf dieser Insel wir uns befanden.

Etliche bunte, klapprige Busse kamen, keiner aber fuhr in Richtung Hauptstadt, wohin wir wollten. Als nach geraumer Zeit endlich die Destination «Port Louis» an einem herannahenden Bus auszumachen war, fühlten wir uns erleichtert. Umso enttäuschter schauten wir, als genau eine Person einsteigen durfte und wir im Regen stehen gelassen wurden. «Déjà trop de gens», erklärte uns eine andere Wartende, zu viele Passagiere also. So warteten wir weiter, und das «trop-de-gens»-Spektakel wiederholte sich innerhalb der nächsten zwei Stunden mehrmals.

Allmählich verloren wir unsere Gelassenheit, insbesondere, da niemand anderer an dieser misslichen Situation Schuld war als wir selbst. Waren wir es doch gewesen, die am Flughafen mit einem aufdringlichen Taxifahrer einen Streit vom Zaun gebrochen hatten, worauf uns eine nette, einheimische Familie fragte, ob wir mit Ihnen fahren wollten. Da in Mauritius der Transport von Touristen durch Privatpersonen jedoch verboten ist und dem frechen Taxifahrer offenbar alle Mittel recht waren, meldete er unsere «Tat» sofort der Polizei.

Erst lachte die freundliche Familie über sein Gehabe, als uns aber wenig später auf der Autobahn zwei Polizeiwagen kreuzten, kriegten sie es (verständlicherweise) mit der Angst zu tun und luden uns kurzerhand irgendwo neben der Autostrasse an einer Bushaltestelle aus… wo wir nun seit einer kleinen Ewigkeit standen.

Endlich schien an der Bushaltestelle ein Wunder zu geschehen: Ein halb leerer Bus in Richtung «Port Louis» stoppte. Erleichtert machten wir uns ans Einsteigen, als der Fahrer neben mich zeigte und verneinend den Kopf schüttelte. Perplex schaute ich in Richtung seines Fingers und sah nun das wirkliche Problem der Situation: unser Tauchkoffer! Ein Blick auf das überdimensionale Gepäckstück (Inhalt: zwei komplette Tauchausrüstungen) und ein zweiter Blick auf die Tür des Fahrzeugs erübrigten weitere Fragen. Unter keinen Umständen würde unser Gepäckstück durch diese Tür passen! Der Bus fuhr ohne uns weiter.

Mit jedem weiteren Bus, der vorbeifuhr, erhärtete sich unser Verdacht: Auf Mauritius war genau ein Busmodell im öffentlichen Verkehr im Einsatz, und die Tür dieses Modells war etwa halb so breit wie unser Koffer! Ratlos standen wir da, und allmählich sank unsere Stimmung unter den Nullpunkt, während der Regen immer noch auf das Dach der Haltestelle prasselte.

Eine Stunde später sassen wir schliesslich im Trockenen. Genauer gesagt, wir sassen in einem Taxi, das uns endlich in den Inselnorden brachte. Diesmal hatte sich der Taxifahrer aber nicht auf uns gestürzt, sondern wir uns auf ihn. Bereitwillig bezahlten wir denselben Preis, den der ruchlose «Taxi-Shark» am Flughafen von uns verlangt hatte – mit dem einzigen Unterschied, dass wir uns jetzt nicht veräppelt, sondern dankbar und zufrieden fühlten. Das Warten hatte sich doch gelohnt!

weise auf Überlandfahrten mit dem Bus, regelmässig Rucksäcke von Busdächern gestohlen, während die Reisenden an Checkpoints im Bus warten müssen. Fragen Sie andere Mitreisende, Schaffner oder Fahrer, wo der Koffer oder der Rucksack am sichersten mittransportiert wird, falls Sie mit einer Reisesituation nicht vertraut sind. Angesichts des hohen Diebstahlrisikos in manchen Ländern gibt es manchmal die Möglichkeit, einen «Sitzplatz» für das Gepäck zu kaufen, damit dieses nicht auf dem Dach oder im Bauch des Busses transportiert werden muss. Dies mag einem anfangs dekadent oder unmoralisch scheinen, kann aber je nach Situation eine Überlegung wert sein.

Eine Strategie, um mit vollzähligem Sack und Pack am Ziel anzukommen, ist simpel aber effizient: Merken Sie sich vor der Abreise, wie viele Gepäckstücke Sie mit sich tragen, und zählen Sie diese immer wieder nach – besonders, nachdem Sie Ihr Gepäck abgestellt haben. Dies minimiert das Risiko, etwas liegen zu lassen.

Fährt Ihr Gepäck nicht direkt neben Ihnen mit, ist es sinnvoll, dieses vor der Abfahrt sowie während Zwischenstopps im Auge zu behalten. Viele Reisende begehen den Fehler, nach dem Verräumen des Gepäcks im Stauraum des Busses oder auf dem Dach sofort in den Bus zu steigen – noch bevor die Gepäckklappe geschlossen oder das Dach abgesichert wurde. Bleiben Sie stattdessen draussen. Ein schlechterer Sitzplatz ist immer noch besser als geklautes Gepäck.

Lassen Sie Ihr Gepäck an neuralgischen Orten (Flughafen, Busterminal, Bahnhof etc.) nie aus der Hand und achten Sie darauf, dass es Ihnen niemand entreissen kann. Denken Sie daran: Ein kurzer Augenblick der Unachtsamkeit genügt, und Ihre Tasche ist verschwunden – und besonders mit weiteren Gepäckstücken «im Schlepptau» wird es unmöglich sein, den Dieb zu verfolgen.

Achten Sie besonders an neuralgischen Orten wie Busterminals, Flughäfen oder Bahnstationen auf Ihre Habseligkeiten. Taschen, Koffer oder Rucksäcke sollten nie aus der Hand gegeben oder gar unbeaufsichtigt abgestellt werden. Selbst wenn dies paranoid klingt – halten Sie sämtliche Gepäckstücke immer so fest, dass niemand diese entreissen kann. Auch in Restaurants oder Cafés lohnt es sich, Rucksäcke oder Taschen direkt am Stuhl oder der Sitzbank festzuschnallen. Dies lässt zu, dass man wenigstens während einer Pause nicht die ganze Aufmerksamkeit seinem Rucksack widmen muss.

Worst Case: Was tun bei Gepäckverlust?
Der Verlust des Reisegepäcks ist unangenehm und ärgerlich. Im besten Fall treffen einzelne Gepäckstücke nach einer Flugreise nur einige Tage verspätet ein, im schlimmsten Fall kommt das gesamte Gepäck unwiederbringlich abhanden.

Besonders bei einem Totalverlust bleibt einem Reisenden nichts anderes übrig, als einen kühlen Kopf zu bewahren. So unglaublich es auch klingen mag: Das Reiseleben wird – sofern das Reisebudget nicht abhanden kam – auch ohne Gepäck weitergehen. Improvisieren wird angesagt sein, und je einfallsreicher ein Traveller ist, umso besser wird er oder sie die Situation meistern. Geben Sie sich nicht zu früh geschlagen, selbst wenn Sie das Gefühl haben, Ihre Reisewelt sei soeben eingestürzt!

Neben dem Improvisieren und dem Blick nach vorne dürfen Reisende allerdings die Bürokratie – sprich die Versicherung – nicht vergessen. Falls die Versicherung später für den finanziellen Verlust aufkommen soll, muss ein Diebstahl oder Verlust grundsätzlich so rasch wie möglich bei der Polizei rapportiert werden. Dies wird für den Moment selten etwas bringen. Die Verlustanzeige bei der Diebstahlversicherung nach der Rückkehr wird jedoch vereinfacht. Kontaktieren Sie im Zweifelsfall die Versicherung direkt aus dem Ausland (oder bitten Sie Bekannte oder Verwandte in der Heimat darum) und fragen Sie nach, wie am besten vorzugehen sei.

Falls Sie Ihr Reisegepäck versichert haben wollen, kontrollieren Sie bei der Police Ihrer Hausratversicherung, ob – und bis zu welchem Maximalbetrag! – Reisegepäck gedeckt ist. Ansonsten empfiehlt sich eine spezielle Gepäckversicherung. Diese ist in der Regel bei den Anbietern von Reiseannulationsversicherungen abschliessbar.

Sehr unangenehm ist die Situation dann, wenn Dokumente, Tickets, Geld oder Kreditkarten verschwunden sind. Am besten suchen Sie in diesem Fall einen Ort auf, an dem Sie ein paar Telefonanrufe erledigen können. Insbesondere wenn der Pass abhanden gekommen ist, wird es unumgänglich sein, Kontakt mit der nächsten Schweizer Botschaft oder der konsularischen Vertretung im Land aufzunehmen. Kreditkarten sollten möglichst rasch gesperrt und verlorene Tickets bei der Transportgesellschaft gemeldet werden. Falls Travellers Cheques verschwunden sind, muss dieser Verlust ebenfalls innerhalb einer festgelegten Frist gemeldet werden.

Von tausend aufgegebenen Gepäckstücken auf Flugreisen kommen rund fünf abhanden. Allerdings taucht rund 98 % des verlorenen Gepäcks innerhalb von 24 Stunden wieder auf. Sollte Ihr Gepäck nicht mit Ihnen ankommen, müssen Sie unbedingt vor Verlassen des Flughafens bei einem dafür vorgesehenen Schalter oder bei Vertretern der Fluglinie den Verlust – oder allenfalls eine Beschädigung – in einem «Property Irregularity Report» festhalten.

Kommt ein Gepäckstück nicht wieder zum Vorschein, kommt die Fluglinie für den Verlust auf – vorausgesetzt, Sie haben rechtzeitig rapportiert. Die Haftungssumme ist allerdings vom Gewicht und nicht vom Inhalt des Gepäcks abhängig. In der Regel erhält der oder die Geschädigte rund 20 Euro pro Kilo und maximal 1200 Euro. Die Zahlung einer «vorläufigen Entschädigung für verlorenes Gepäck» handhaben die Fluggesellschaften unterschiedlich. Bei vielen Airlines erhalten Passagiere um die 100 Euro Entschädigung.

Wenn Improvisieren Berge versetzt…

Gäbe es eine Auszeichnung als «weltweit bester Improvisations-Traveller», François würde das Diplom erhalten. Folgende Geschichte würde ihm die Prämierung zweifelsohne einbringen:

Auf dem Flug von Paris nach Moskau kam François' gesamtes Gepäck abhanden. Verwegen setzte er aber seine Reise nach Kirgisien fort, wo er einen längeren Treck unternehmen wollte. Ein Plan, an dem er trotz komplettem Gepäckverlust weiter festhielt.

So kam François wenig später nach Zentralasien – nur eben ohne Trekkingausrüstung. In der Folge stürzte er sich während mehrerer Tage unermüdlich in alle erdenklichen Geschäfte und Bazars. Dass er kein Russisch sprach, war dabei ein Handicap, als viel grösserer Nachteil stellte sich jedoch seine westeuropäische Statur heraus:

François ist 1,90 m gross und hat Schuhgrösse 45 – er besitzt also nicht die Masse, nach denen asiatische Schneider und Schuster ihre Ware anfertigen! Im Vergleich zu Kirgisen war er schlichtweg ein Hüne, und die auf den Bazars verkauften Hosen konnte er gerade mal als Knickerbocker tragen, die im Angebot stehenden Schuhe wirkten neben seinen Füssen wie Zwergenpantoffel.

Doch einige Tage später machten alle anderen Reisenden, die François auf seiner Odyssee mittlerweile kennen gelernt hatte, grosse Augen! Der Franzose hatte es geschafft: Nach mehreren Beutezügen quer durch die Stadt schleppte er eine komplette Trekkingausrüstung an, inklusive passender Kleidung, hohen Lederschuhen, Zelt, Schlafsack und Kocher. Weitere zwei Tage später machte er sich auf in die Berge.

Vier Wochen nachdem François eine unlösbare Aufgabe mit Bravour gemeistert hatte, demonstrierte auch Aeroflot nochmals die Möglichkeit des Unmöglichen: Zwei Tage vor der Rückreise nach Paris kam sein gesamtes Gepäck unversehrt im Manas Airport in Bishkek an. Aeroflot hatte das Versprechen gehalten und alles an den richtigen Ort nachgeliefert!

fazit

Trotz aller Schwierigkeiten, die uns Gepäckstücke manchmal bereiten, haftet ihnen etwas Spezielles an: Koffer, Rucksäcke und Taschen sind doch mehr als nur Mittel zum Zweck, mit denen Reisende ihr Hab und Gut in der Weltgeschichte herumschleppen. Sie sind nicht nur Stoff und Plastik, vollgestopft mit Kleidung und praktischen Utensilien – sie sind vielmehr der Stoff, aus dem die Reiseträume sind, voller Erinnerungen und Geschichten.

Sie sind stille Reisebegleiter, die mit «ihrem» Traveller Tausende von Schritten gegangen sind, die durch Strassen, Städte, Landschaften und Länder getragen wurden. Sie sind es, die dabei sind, wenn die Haustür hinter uns ins Schloss fällt, und sie sind es, die uns begleiten, wenn wir nach einer Reise wieder unser Zuhause betreten. Vielleicht erklärt dies auch, weshalb Gepäckstücke mit dem Alter immer schöner werden. Sie sind Zeugen eines reichen Erinnerungsschatzes.

So werden Reisende mit ihrem Koffer oder Rucksack wohl immer in einer Hassliebe verbunden sein. Einerseits wird es immer wieder schön sein, die Koffer zu packen; andererseits wird es immer wieder eine Erleichterung sein, sein Hab und Gut zu Hause wieder in den Schrank zu räumen. Aber da verhält es sich wahrscheinlich wie mit dem Reisen im Allgemeinen: Es wird immer wieder spannend sein, zu neuen Horizonten aufzubrechen, genauso wie es auch immer wieder überwältigend bleiben wird, am Ende der Reise nach Hause zu kommen.

check

Vor der Reise

- Frühzeitig überlegen, welche Gepäckstücke sich am besten für die Reise eignen
- Überlegen, ob man an strikte Gewichtslimiten gebunden ist oder das Gepäck über weite Distanzen zu Fuss transportieren muss
- Nähte, Schnallen, Riemen und Räder der Gepäckstücke, die zum Einsatz kommen sollen, kontrollieren
- Im Zweifelsfall wichtige Ersatzteile besorgen (und in jedem Fall eine Extra-Hüftgurtschnalle für den schweren Rucksack!)
- Abklären, ob und bis zu welchem Maximalbetrag der Verlust von Reisegepäck in der Hausrat-Versicherung gedeckt ist. Allenfalls spezielle Reisegepäckversicherung abschliessen

Beim Packen

- Systematisch packen (Packlisten verwenden)
- Hauptgepäck: schwere Gegenstände im Koffer nah am Boden, in Rucksäcken weit unten und nah am Rücken verstauen
- Gepäckstücke nicht bis zum bersten voll packen, unsichere Koffer mit zusätzlichen Gurten sichern
- Etwas Platz für Souvenirs einplanen
- Ins Handgepäck gehören (v. a. bei Flugreisen): Proviant, Getränke für unterwegs, Medikamente, Necessaire, Kamera/Fotofilme, Dinge zum Zeitvertreib, Reiseführer/Stadtplan des Ankunftsorts, Gegenstände, die vom Sicherheitspersonal kontrolliert werden müssen, und das Nötigste, falls das Hauptgepäck nicht ankommt (z. B. ein T-Shirt oder eine Wollkappe)
- Dokumente und Bargeld auf dem Körper unter der Kleidung tragen
- Grössere Geldbeträge auf verschiedene Gepäckstücke aufteilen
- Jedes Gepäckstück mit einem Adressanhänger versehen; alte Anhänger und Gepäckstreifen entfernen
- Koffer abschliessen, Taschen und Rucksäcke mit Schlössern oder Metallnetzen sichern

Unterwegs

- Nochmals: Dokumente und Geld auf dem Körper tragen
- Gepäckstücke zählen, um nichts liegen zu lassen
- Einheimische oder Angestellte fragen, wo das Gepäck am sichersten mitfährt (v. a. auf Bus-, Boots- oder Bahnreisen)
- Kurz vor der Abfahrt und auf Zwischenstopps aussteigen und das Gepäck im Auge behalten (falls es nicht direkt neben Ihnen transportiert wird)

- Gepäck nie unbeaufsichtigt herumstehen lassen
- Gepäck an neuralgischen Orten immer so festhalten oder befestigen, dass es einem nicht entrissen werden kann

Bei Gepäckverlust

- Bei Verlust des gesamten Gepäcks oder einzelner Gegenstände bei der Polizei oder anderer offizieller Stelle Anzeige erstatten (Beleg des Diebstahls für Versicherung)
- Versicherung allenfalls bereits aus dem Ausland über Verlust informieren
- Beim Verlust von Pass, Geld, Kreditkarten, Tickets: Botschaft informieren, Karten sperren, Ticketverlust bei Transportgesellschaft melden
- Nicht verzweifeln, und alle Kräfte zum Improvisieren mobilisieren!

5 | gesundheit

Vom Vorbeugen und Heilen

Wer denkt, der Traveller sei auf einer Reise derjenige, der wilde Abenteuer erlebt, verrückte Bekanntschaften macht und sich durch unwirtliche Gegenden schlägt, irrt gewaltig. Unvergleichlich mehr als der Reisende selbst erlebt unterwegs sein Immunsystem! Dieses ist es, das den wirklich miesen Typen begegnet, anstrengende Auseinandersetzungen mit Coli, Typhus und Konsorten meistert und im Land der gemeinen Bakterien und wilden Protozoen Abenteuerliches erlebt!

Kein Wunder also, dass dieses Immunsystem von all den neuartigen Einflüssen und Erlebnissen einer Reise überfordert sein kann und «seinen» Traveller erkranken lässt. Eine Reaktion, die gerade auf Reisen und in unbekannten Gegenden sehr unangenehm ist.

Nun ist es glücklicherweise so, dass ein Traveller seine Immunabwehr nicht völlig ungeschützt und hilflos allen hässlichen Widersachern ausliefern muss. Mit etwas Vorbereitung und Information, einer Reiseapotheke, die der Reisedestination gerecht wird, sowie einer guten Portion Geist und Verstand hat der Körper gute Karten, die grössten Übel unbeschadet zu überstehen. Ganz im Sinne des Volksmundes: Vorbeugen ist besser als Heilen!

In manchen Weltteilen wird es allerdings unmöglich sein, allein durch Prophylaxe sämtlichen gesundheitlichen Risiken vorzubeugen. Doch auch Krankheitsfällen – vielleicht sogar Notfällen – ist mit der entsprechenden Vorbereitung einfacher und stressfreier zu begegnen.

Was es zu beachten gilt

Die Abenteuer eines reisenden Immunsystems

Auf Reisen setzen sich Traveller bestimmten gesundheitlichen Risiken aus. Dazu braucht es nicht einmal waghalsiges Verhalten; es reicht die Tatsache, dass wir unterwegs gewisse Hygienemassnahmen – z. B. Händewaschen – häufiger auslassen und in Kontakt mit Mikroorganismen kommen, die für unseren Körper ungewohnt sind.

Das Spektrum der unliebsamen Begegnungen, dem wir unser Immunsystem während einer Reise aussetzen, ist sehr breit und variiert je nach Destination, Aktivitäten und dem Verhalten des Reisenden beträchtlich. Einige Beschwerden und Erkrankungen sind in der weltweiten Reisegemeinde häufiger anzutreffen als andere. Zu diesen, statistisch gesehen verbreiteten Reisekrankheiten, gehören an erster Stelle Magen-Darm-Erkrankungen, Hautprobleme (z. B. durch Parasiten, Sonneneinwirkung etc.) und Erkrankungen der Atemwege (z. B. Erkältungen, Bronchitis, Lungenentzündungen). Neben diesen grösstenteils harmlosen Problemen sind Reisende gemäss Reisemedizinern aber oft auch von zwei gravierenden Erkrankungen betroffen: Blutvergiftungen einerseits und Malaria andererseits. Ebenfalls relativ häufig sind Fieberzustände während oder nach einer Reise, deren Ursache nicht in jedem Fall geklärt werden kann. Weitere, teilweise langwierige Erkrankungen respektive Krankheitserreger sind – um nur einige zu nennen – Salmonellen und Lamblien, in selteneren Fällen Amöben und Typhus. Abhängig von Region und Reisezeit sind auch Hirnhautentzündungen, Denguefieber oder die sich wieder ausbreitende Polio ein Thema. (Lassen Sie sich von dieser Aufzählung nicht abschrecken. Auf den folgenden Seiten werden viele wirksame Möglichkeiten aufgezeigt, diesen Krankheitsrisiken aus dem Weg zu gehen.)

Zu den häufigsten Reisekrankheiten gehören neben Magen-Darm-Krankheiten, Hautproblemen und Erkrankungen der Atemwege auch Blutvergiftungen und Malaria. Gerade letztere gravierende Krankheiten zeigen, wie unabdingbar eine seriöse Vorbereitung vor der Reise sowie angepasstes Verhalten während der Reise sind.

Wer ausserdem auf einer Reise nicht ganz alltägliche Aktivitäten plant, sollte diese bei der Abklärung gesundheitlicher Risiken ebenfalls berücksichtigen. Dazu gehören beispielsweise die in der Traveller-Gemeinde beliebten Trekkings in grösseren Höhen (z. B. in Südamerika oder im Himalaja) sowie der weltweit boomende Tauchsport. Eine mangelnde Vorbereitung und fehlende Kenntnisse über potenzielle Gefahren dieser Beschäftigungen können die Gesundheit in hohem Masse gefährden. Deshalb sollten sich Reisende, die einen Aufenthalt oder Aktivitäten in Höhen ab rund 2700 Meter über Meer planen, zwingend mit dem Thema der Höhenkrankheit – auf Englisch «Acute Mountain Sickness» (AMS) – auseinander setzen. Wer plant, zu tauchen, muss spezielle Regeln beim Fliegen

Alter schützt vor…

Die folgende Anekdote ist die beste Illustration der Tatsache, dass auch Reiseerfahrung vor Torheit nicht schützt. Am Anfang stand in diesem Fall Durst – respektive das in der kirgisischen Stadt Osh erhältliche natriumhaltige Mineralwasser. Dieses mochte zwar gesund sein, für meinen Geschmack war es allerdings ungeniessbar salzig.

Ohne Wasserfilter und Kocher blieb mir nichts anderes übrig, als dieses grauenhafte Flaschenwasser zu kaufen, da auch süsse Limonade keine Alternative war. (Bei den sommerlichen 30° C wäre ich nur noch durstiger geworden.) So zwang ich mich denn, zwei Tage lang «gesundes» Wasser zu trinken, obwohl mein Gaumen bei jedem Schluck heftig protestierte…

Die bedauerliche Wendung nahm die Geschichte am zweiten Abend: Ich sass in meinem hübschen Hotelzimmer und vertrieb mir die Zeit – an sich ganz zufrieden – mit Lesen und Tagebuch schreiben. Nur etwas trübte die Idylle: Ich verspürte furchtbaren Durst! Bereits drei verschiedene Flaschen offenes Trinkwasser standen um mich herum, jede von einer anderen lokalen Marke. Doch leider schmeckte ein Wasser schrecklicher als das andere.

Als ich wenig später im Badezimmer unter dem fliessenden Wasser meine Zahnbürste spülte, erwartete mich die süsse Versuchung mit offenen Armen. Alles Wissen, alle Erfahrungsberichte, alle Warnungen in sämtlichen Reiseführern waren rasch über Bord geworfen: Ich kostete einen kleinen Schluck Leitungswasser. Und es schmeckte köstlich! Genau das war es, wonach sich mein Gaumen den ganzen Tag gesehnt hatte! Klares Wasser, ohne Salzgeschmack. Innerhalb von Sekunden gingen meine rationalen Widerstände mitsamt dem laufenden Wasser den Abfluss runter, und ich genoss eine Tasse Leitungswasser, bevor ich mich schlafen legte.

Die Rechnung dafür bezahlte ich prompt und gnadenlos – schlimmer, als ich es mir nach den ersten Bauchkrämpfen ausgemalt hatte. Nach einer von wirren Träumen geplagten Nacht stand mir am folgenden Tag eine Fahrt mit dem Taxi ins kirgisische Djalal-Abad bevor. Bereits diese Fahrt kündete Unheil an: Der Fahrer musste mehrmals anhalten, weil mich Übelkeit, Krämpfe und ansteigendes Fieber plagten.

Angekommen in einem schönen Landhaus, wo ich ein paar Tage später befreundete Reisende treffen wollte, fühlte ich mich Stunde für Stunde schlechter. In den folgenden drei Tagen ging es mir so elend, dass die Erinnerungen daran nicht sehr ausgeprägt sind: Ein Fieberthermometer, das über 40° C anzeigt, Schüttelfrost und der nächtliche Steinboden vor dem Plumpsklo vermischen sich mit den besorgten Gesichtern der Homestay-Familie und Schwarztee mit Honig an meinem Bett.

Es war, als würde ich aus einem Alptraum erwachen, als das Fieber endlich wieder sank und ich ein Glas Wasser ohne üble Konsequenzen trinken konnte. Und noch grösser war die Erleichterung, als die Freunde nach drei Tagen eintrafen, mir Coca-Cola und medizinische Salzlösung zur Rehydratation brachten. Letztere schmeckte zwar schlimmer als das Mineralwasser in Osh…

Das Gröbste war damit überstanden und die Reise konnte schliesslich mit wenigen Tagen Verzögerung fortgesetzt werden… Allzu rasch verzieh der Körper den in Osh begangenen Fehler dann aber doch nicht. Während den verbleibenden zwei Wochen in Kirgistan blieb die kulinarische Palette stark eingeschränkt: Nachdem ich Bananen nicht mehr sehen konnte, blieb mir die Wahl zwischen Kartoffeln, Karotten oder Magenkrämpfen. Doch damit nicht genug: Als ich zwei Wochen später und sieben Kilogramm leichter pünktlich zur Erkältungssaison in die Schweiz zurückkehrte, war meine Abwehr dermassen gebeutelt, dass während zweier Monate sämtliche Erkältungen gnadenlos über mich herfielen…

«Wenn Dummheit weh tun würde…», heisst es. Nun, in diesem Fall hat sie weh getan – und wie!

beachten: Zwischen dem letzten Tauchgang und dem Heimflug sollten wegen der Gefahr einer Dekompressionskrankheit 24 Stunden liegen. Ausserdem brauchen alle Taucher – auch jene, die den Sport erst erlernen möchten – ein gültiges Tauchtauglichkeitsattest eines Arztes. Dieses ist in der Heimat meistens einfacher erhältlich.

Vor der Reise: Vorbeugen ist das Beste!
Stehen Reisedestination und Reiseroute einmal fest, darf eine seriöse Abklärung der Gesundheitsrisiken nicht ausbleiben. (Dies gilt auch für Reisen in nicht tropische Länder!) Zu dieser Abklärung gehört einmal die Information über Risiken im Reisegebiet sowie ein Blick in das Impfbüchlein. Antworten auf praktisch alle

---

Jede Destination erfordert eine spezifische Abklärung betreffend notwendiger oder empfohlener Impfungen. Dies gilt auch für Reisen in nicht tropische Länder!

Fragen, die in diesem Zusammenhang auftreten, erhalten Traveller bei Reise- und Tropenmedizinern, Impfzentren und Tropeninstituten sowie in guten Apotheken oder bei einem Hausarzt, der sich einigermassen für die Thematik interessiert. Ebenfalls finden sich mittlerweile diverse Informationsseiten im Internet dazu.

Konsultieren Sie ausserdem Ihren Impfausweis vor jeder Reise, und vergessen Sie dabei nicht, dass auch für Reisen in nicht tropische Länder allenfalls Impfungen angezeigt sind (z. B. gegen Tollwut oder die von Zecken übertragene FSME).

Die im folgenden erwähnten Impfungen sind die bekanntesten Reiseimpfungen.

Die Immunisierung gegen *Hepatitis A und Hepatitis B* (zwei Arten von Gelbsucht) gehört dazu. Erstere wird generell empfohlen, letztere ist bei so genannten «Vielreisern» und bei längerem Aufenthalt in Entwicklungsländern angezeigt. Heute gehört die Impfung Jugendlicher gegen Hepatitis B in vielen Ländern, auch in der Schweiz, zum Standardprogramm.

Tetanus dürfte den meisten bekannt sein: Die Spritze, die schmerzt! Für jede Reise gilt es abzuklären, ob die letzte Impfung schon 10 Jahre zurückliegt. Falls ja, ist

---

Das Internet bietet eine Reihe von guten Informationen zum Thema Gesundheit auf Reisen. Folgende Seiten sind empfehlenswert:

- Seite des Bundesamtes für Gesundheit:
  www.bag.admin.ch/infekt/reise/d/index.htm
- Seite des Universitätsspitals Genf:
  www.safetravel.ch
- Ostschweizer Infostelle für Reisemedizin:
  www.osir.ch

Persönliche Beratung und Impfungen bieten (neben vielen privaten reisemedizinischen Praxen) das Zentrum für Reisemedizin der Universität Zürich und das Schweizerische Tropeninstitut:

- Zentrum für Reisemedizin der Uni Zürich
  Hirschengraben 84
  8001 Zürich
  www.ispmz.ch/impfzentrum.cfm
- Schweizerisches Tropeninstitut
  Socinstrasse 57
  4002 Basel
  www.sti.ch

---

eine Auffrischung nötig; bei grösseren Verletzungen sollte gar nach 5 Jahren nachgeimpft werden.

Nach wie vor flächendeckend geimpft wird die *Polio- oder Kinderlähmungsimpfung*. Sie sollte alle 10 Jahre aufgefrischt werden. Während die Polio praktisch als ausgerottet galt, ist sie mittlerweile in verschiedenen Gebieten wieder auf dem Vormarsch. Auch eine Immunisierung gegen *Masern, Mumps und Röteln (MMR)* wird insbesondere Kindern, aber auch Erwachsenen ohne Impfschutz oder bereits durchgemachter Erkrankung empfohlen. Gegen *Typhus* wird relativ häufig geimpft. Typhus wird bei mangelnder Hygiene durch Nahrungsmittel und Wasser übertragen. Ein Impfschutz wird für einzelne spezifische Länder und bei längeren Aufenthalten in Entwicklungsländern generell empfohlen. Es handelt sich dabei um eine Schluckimpfung mit 50 bis 70 % Schutzwirkung.

Eine Sorte von Hirnhautentzündung ist die *Meningokokken-Meningitis*. Sie tritt epidemieartig in trockenen Regionen Afrikas, Teilen Asiens und selten in Südamerika auf. Eine Impfung wird nur vorgenommen, wenn sich Reisende in ein Risikogebiet begeben. Gleiches gilt für die *Japanische Encephalitis* (eine andere Sorte von Hirnhautentzündung), eine in manchen Teilen Asiens saisonal auftretende Krankheit, die durch Stechmücken übertragen wird. Eine Impfung erfolgt lediglich bei Personen, die sich länger als vier Wochen in betroffenen Regionen während der kritischen Jahreszeit aufhalten. An dieser Stelle muss auch die *Frühsommer-Meningoencephalitis (FSME)* erwähnt werden: Diese durch Zecken übertragene Hirn- und Hirnhautentzündung tritt in bestimmten Gebieten (Schweiz, Süddeutschland, Südschweden, Osteuropa und insbesondere Russland) auf. Eine Impfung wird für Reisen in die Endemiegebiete empfohlen, sowie allgemein für Personen, die sich in den betroffenen Gebieten ausgiebig im Freien aufhalten (90 % der Erkrankungen erfolgen während einer Freizeitbeschäftigung). Die *Tollwut* gilt es ebenfalls ernst zu nehmen. Diese verläuft im Fall einer Erkrankung (d. h. ohne eine frühzeitige medizinische Behandlung nach einer Ansteckung) immer tödlich. Eine Impfung ist angebracht bei einem Aufenthalt von mehr als 30 Tagen in einem Endemiegebiet und für alle Reisenden, die in abgelegenen, gefährdeten Gebieten Outdoor-Aktivitäten nachgehen. Bei einem Biss muss trotzdem ein Arzt aufgesucht werden, da nachgeimpft werden muss.

Malaria ist eine ernsthafte Krankheit, die in praktisch allen tropischen Ländern vorkommt und von der Anopheles-Mücke übertragen wird. Jährlich erkranken rund 500 Millionen Menschen neu. Drei Millionen sterben an den Folgen einer Malaria. Traveller, die in gefährdete Gebiete reisen, müssen dieses Risiko unbedingt ernst nehmen und früh genug Abklärungen treffen.

Speziell erwähnt werden soll die Impfung gegen *Gelbfieber*, da eine Immunisierung zur Einreise in manche Länder obligatorisch ist (mindestens 10 Tage vor Einreise). Gelbfieber wird in Teilen Afrikas und Südamerikas durch Mücken übertragen und hat oft tödliche Folgen. Wer in betroffene Gebiete reist oder aus betroffenen Gebieten (z. B. Tansania) in nicht betroffene Länder (z. B. Indien oder Mauritius) weiterreist, sollte sich über die aktuellen Vorschriften informieren.

Neben gewissen Impfungen sind allenfalls auch andere Arten der Vorsorge angesagt. Manchmal genügen simple Schritte wie der Kauf von hoch wirksamem Sonnenschutz oder die Beschaffung von Informationen über die Trinkwasserqualität im Reiseland; in anderen Fällen ist vielleicht eine umfassende, seriöse Abklärung sinnvoll – besonders in potenziellen Malariagebieten! Obwohl das Risiko einer Erkrankung an *Malaria* von gewissen Anbietern der Reisebranche heruntergespielt wird, muss es für Reisen in betroffene Gebiete in jedem Fall ernst genommen werden. Für Hochrisikogebiete wird eine chemische Malariaprophylaxe empfohlen. Da manche Personen unter starken Nebenwirkungen einer solchen Prophylaxe leiden, raten Ärzte, bereits einige Wochen oder Monate vor Reiseantritt einen Verträglichkeitstest zu machen. Neuere Medikamente weisen wesentlich geringere Nebenwirkungen auf. Reisemediziner weisen in diesem Zusammenhang darauf hin, dass aus Angst vor Nebenwirkungen keinesfalls von einer Prophylaxe abgesehen werden sollte.

Ein weiterer Punkt, der zu jeder gesundheitlichen Reisevorbereitung gehört, ist die Zusammenstellung einer Reiseapotheke. Denn egal, wohin die Reise geht: Eine gut ausgerüstete Reiseapotheke ist das A und O der Selbstbehandlung. Be-

Die Reiseapotheke bildet das Herzstück einer kompletten Reiseausrüstung. Die Zusammensetzung variiert je nach Reise. Ein gewisser «Grundstock» sollte jedoch bei allen Travellern vorhanden sein.

Für Reisen in Gebiete, in denen Medikamente gekauft werden können und eine Gesundheitsversorgung durch einen Arzt oder ein Spital problemlos möglich ist, reicht eine bescheidene Reiseapotheke. Diese sollte enthalten:

- Paracetamol oder Aspirin gegen Schmerzen und Fieber
- Desinfektionsmittel
- Wundsalbe
- Hustenmittel
- Lutschtabletten gegen Halsschmerzen
- Nasenspray
- Tigerbalsam / Vicks VapoRub
- Durchfallmedikament
- Kohlentabletten
- Heftpflaster in verschiedenen Grössen
- kleine Schere
- feine Pinzette
- Präservative

Was die Apotheke ausserdem enthalten kann:

- natürliche Schlafdragees (Baldrian oder Ähnliches)
- Mittel gegen Reisekrankheit oder allgemeine Übelkeit
- Antihistaminika gegen Allergien
- Juckreiz stillende Creme gegen Insektenstiche

Wenn Sie in Gebiete reisen, in denen nicht immer eine sofortige ärztliche Versorgung möglich ist, muss sie zusätzlich enthalten:

- ein stärkeres Schmerzmittel (z. B. Ponstan, Co-Dafalgan)
- ein Breitband-Antibiotikum

- Ohrentropfen
- Augentropfen
- antibiotische Salbe
- ein Mittel gegen krampfartige Bauchschmerzen
- ein Mittel gegen Verstopfung
- ein Medikament gegen Pilzinfektionen
- fertige Salzlösung (zur Rehydrierung bei Durchfallerkrankungen)
- Creme gegen Verstauchungen und Prellungen
- Verbandmaterial (sterile Gazen, elastische Binden)
- Steristrip-Pflaster (zum Verkleben von klaffenden Wunden)
- Beruhigungsmittel
- stärkeres Schlafmittel für lange Reisen und/oder Jetlag (z. B. Melatonin, in der Schweiz schwer erhältlich)
- Fieberthermometer
- Einwegspritzen und -nadeln

Je nach Region und Aktivitäten während der Reise kann ebenfalls zur medizinischen Ausrüstung gehören:

- Malariaprophylaxe und / oder Malarianotfallmedikament
- Notfallmedikament gegen Höhenkrankheit (z. B. Diamox)
- sehr starkes Schmerzmittel (z. B. Tramal)
- Nahrungsmittelergänzung (Vitamine, Mineralien)
- Tape (z. B. Leucoplast) und Blasenpflaster (z. B. Compeed)
- Tauchertropfen (in der Apotheke erhältliche Essiglösung zum Schutz der äusseren Gehörgänge)
- Aloe-Vera-Gel gegen Sonnenbrand (besser noch: Sonnencreme mit hohem Schutzfaktor!)

Nicht vergessen:
Falls Sie Medikamente aus Platzgründen ohne Kartonverpackung einpacken, unbedingt sämtliche Beipackzettel mit auf die Reise nehmen!

---

denken Sie dabei, dass es manchenorts unmöglich ist, nach Ladenschluss ein Aspirin zu kaufen. Andernorts wird es jedoch unmöglich sein, innerhalb der nächsten fünf Tage medizinisch versorgt zu werden. Dies will heissen: Abhängig von der im Reiseland zu erwartenden Situation muss die Apotheke unterschiedlich sein.

Auch homöopathische oder andere alternativmedizinische Mittel können in einer Reiseapotheke enthalten sein. Warum sollten sie nicht auch unterwegs genutzt werden, wenn sie zu Hause gute Hilfe leisten? Die Möglichkeiten sind vielfältig und je nach Bedürfnis und Kenntnis des Travellers unterschiedlich. Wer den Globus «globulisiert» bereisen will, dem bieten sich verschiedene Möglichkeiten. Homöopathie-Laien können auf so genannte Komplexmittel zurückgreifen. Dabei handelt es sich um eine Art Kombinationspräparate, die mehrere Substanzen enthalten. Solche Mittel werden abhängig von den Beschwerden angewendet (also beispielsweise «Globuli gegen Magenbeschwerden» bei Durchfall) und sind nicht spezifisch auf die Person des Patienten abgestimmt. Diese sind etwas einfacher in der Handhabung als die Verwendung eines spezifischen Stoffs. Für Traveller mit gewissen Kenntnissen über die gezielte Auswahl und Anwendung homöopathischer Substanzen sind im Handel spezielle Homöopathie-Taschenapotheken erhältlich. Wer unterwegs jeweils von ähnlichen Beschwerden oder Erkrankungen betroffen ist, kann sich auch vor der Reise von einem Homöopathen beraten lassen und prophylaktisch ein Mittel einnehmen oder mit auf die Reise nehmen.

Neben den medizinischen Vorbereitungen lohnt sich auch ein Blick auf die Versicherungspolice der Krankenkasse. Denn die beste medizinische Versorgung wird einem Traveller im Ausland wenig nützen, wenn sich sein Versicherungsschutz nur bis zum nächsten Kantonsspital erstreckt. Ein Anruf bei der Krankenversicherung räumt Zweifel aus dem Weg. Gleichzeitig sollte abgeklärt werden, ob die Versicherung die Kosten für Heimtransporte (so genannte Repatriierungen) übernimmt und eine 24-h-Assistance-Telefonnummer auch für Fälle im Ausland unterhält. In diesem Zusammenhang muss auch die Rega (Schweizerische Rettungsflugwacht) genannt werden. Diese organisiert neben Rettungseinsätzen in der Schweiz auch Repatriierungen aus dem Ausland und unterhält eine internationale Notrufnummer für medizinischen Beistand.

Für Traveller mit gewissen Kenntnissen über die gezielte Auswahl und Anwendung homöopathischer Substanzen sind im Handel Homöopathie-Taschenapotheken erhältlich. Diese enthalten die am häufigsten verwendeten Mittel in Form von Globuli. Ebenfalls zu kaufen sind kleine Handbücher, welche die Auswahl des richtigen Stoffs erleichtern sollten.

Laut dem Schweizerischen Samariterverbund gehören zwölf unentbehrliche homöopathische Mittel in eine Taschenapotheke.

Dies sind:

Aconitum napellus	(Blauer Eisenhut)
Apis mellifica	(Honigbiene)
Arnica montana	(Arnika)
Belladonna	(Tollkirsche)
Bryonia	(Rotbeerige Zaunrübe)
Chamomilla	(Echte Kamille)
Hypericum	(Johanniskraut)
Nux vomica	(Brechnuss)
Okoubaka aubrevillei	(Okoubaka)
Pulsatilla	(Wiesenküchenschelle)
Rhus toxicodendron	(Giftsumach)
Sulfur	(Schwefelblüte)

Verstand: die beste Gesundheitsversicherung

Die beste Vorbereitung wird nichts nützen, wenn Reisende sich während der Reise leichtsinnig verhalten. Werden allerdings einige grundlegende Regeln

Die Rega (Schweizerische Rettungsflugwacht) ist eine gemeinnützige Stiftung und funktioniert mittels Spendengeldern als Non-Profit-Organisation. Sie ist in diesem Sinn keine Versicherung, und der Gönnerbeitrag ist eine Spende. Gönnerinnen und Gönnern werden «als Dank für die Unterstützung» die Einsatzkosten erlassen.

Neben Suchaktionen in der Schweiz organisiert die Rega auch Repatriierungen aus dem Ausland und unterhält eine 24-h-Zentrale, die rund um die Uhr medizinische Ratschläge an Reisende im Ausland geben kann.

Eine Mitgliedschaft kostet für Einzelpersonen jährlich 30 Franken, für Familien 70 Franken und kann unter Tel. 0844 834 844 oder *www.rega.ch* eingegangen werden.

beachtet, sinkt das Risiko gesundheitlicher Probleme markant.

Wie zu Hause sollten auch unterwegs minime Hygieneregeln eingehalten werden. Dies bedeutet nicht, dass Reisende sich mit antibakteriellen Mitteln desinfizieren müssen. Es reicht bereits, nach dem Gang zur Toilette die Hände mit Seife und einigermassen sauberem Wasser zu waschen und eine Frucht nicht an den schmutzigen Hosen abzuwischen, sondern mit sauberem Wasser zu waschen oder – besser noch – zu schälen.

Einige Regeln zur Risikominderung einer Erkrankung:

- Hygieneregeln einhalten
- Beim Essen und Trinken Vorsicht walten lassen
- Ihren Körper nicht übermässig Sonne, Hitze oder Kälte aussetzen
- Beim Sex immer ein Präservativ verwenden
- In spezifischen Gebieten: Sich vor Mückenstichen (Malaria, Denguefieber etc.) schützen

---

Letzteres Beispiel führt uns zu einem zentralen Reisethema im Zusammenhang mit der Gesundheit eines Travellers: das Essen und Trinken. Die Art, wie an die leiblichen Genüsse herangegangen wird, beeinflusst das Wohlbefinden während (und allenfalls auch nach!) einer Reise gewaltig. Was darf wo gegessen und getrunken werden? Die Grundregel ist simpel: «Cook it, boil it, peel it or leave it!» (auf Deutsch: Kochen, sieden, schälen oder bleiben lassen). Nicht immer ist es allerdings so einfach, diese simple Regel einzuhalten.

Die eigene Lust auf eine Speise oder sozialer Druck bei Einladungen kann einem einen Strich durch die Rechnung machen. Was, wenn es bei einer Einladung Salat zur Vorspeise und ungeschälte Aprikosen zur Nachspeise gibt? Was, wenn das Essen lauwarm auf den

---

Die goldene Regel bei der Wahl von Speis und Trank in Ländern, die nicht dem Hygienestandard entsprechen, den unsere Körper gewohnt sind, lautet: «Cook it, boil it, peel it or leave it!» – auf Deutsch: Kochen, sieden, schälen oder bleiben lassen!

Konkret sollte man verzichten auf:

- Salat
- rohes Gemüse
- ungenügend gekochtes Fleisch
- ungenügend gekochte Meeresfrüchte
- Wurstwaren
- Eiscremes
- Puddings
- Kalte, nicht pasteurisierte Milch
- offene Milchprodukte
- Eiswürfel
- Wasser zweifelhafter Herkunft
- offene Fruchtsäfte
- ungekochte Eier
- lauwarme, vorgekochte Gerichte

Problemlos geniessen dagegen kann man:

- gekochtes Gemüse
- schälbares Obst
- schälbare Nüsse
- Milch aus Tetrapaks
- Säfte aus Tetrapaks
- verpackte Eiscreme
- durchgekochte Rühreier und Spiegeleier
- sämtliche frisch gekochten Gerichte

Tisch kommt (und wahrscheinlich am Morgen vorgekocht wurde, bevor es den ganzen Tag in der Küche stand)? Es gibt Situationen, in denen sich ein Traveller den Kopf zerbricht über der Wahl zwischen Anstand und Verstand. Grundlegende Ratschläge für Reisende, die in dieser Zwickmühle stecken, gibt es leider keine. Einzig dieser Hinweis: Die Fragen, die Sie beim Entscheid, als Gast etwas zurückzuweisen, auf die Waagschale legen müssen, sind folgende: Riskiere ich eine (unter Umständen längere!) mühsame Erkrankung? Oder finde ich eine gute Erklärung für meinen Verzicht? Oder ist es vielleicht sogar besser, eine vorübergehende Krankheit zu riskieren, anstatt hier für immer als Gast das Gesicht zu verlieren? Keine einfache Entscheidung. Zwei gute Erklärungen für die Verschmähung eines Gerichts oder eines Getränks sind diese: Sagen Sie, etwas aus religiösen oder ethischen Gründen nicht essen zu können, oder aber seien Sie ehrlich und erklären Sie, unsere westlichen Körper seien an gewisse Speisen nicht gewohnt und könnten davon krank werden.

Ein ebenfalls zentraler Punkt hinsichtlich der Gesundheit unterwegs ist die Trinkwasserqualität. Eine Möglichkeit für «sicheres» Wasser ist der Kauf von Trinkwasser in PET-Flaschen. Man sollte jedoch nicht vergessen, dass dies bei weitem nicht überall möglich ist. Ausserdem stellt der Verbrauch von Plastikflaschen bei der Entsorgung vielerorts ein grosses Problem dar. Recycling ist in vielen Ländern unbekannt, und die Berge von Flaschen landen zusammen mit dem anderen Müll auf der nächsten Deponie oder direkt hinter dem Haus. Selbst wenn es unbedeutend klingt, so macht es doch einen grossen Unterschied, ob jeder Traveller täglich zwei bis drei PET-Flaschen in den Müll wirft oder sein Trinkwasser selber aufbereitet.

Denken Sie beim Thema Wasser auch daran: Nicht nur das Trinken von Wasser, sondern auch das Baden in stehenden oder langsam fliessenden Süsswassergewässern in den Subtropen und Tropen ist nicht ratsam. Grund dafür ist die Gefahr der Bilharziose (Schistosomiasis), einer Infektionskrankheit, die in kontaminiertem Wasser von den Larven der so genannten Pärchenegel via Haut übertragen wird.

Ebenfalls nicht unterschätzt werden sollte die Wirkung der Sonne. In vielen Gebieten der Erde – Tropen, vom Ozonloch betroffene Gebiete, Hochgebirge – ist die Einstrahlung wesentlich höher und aggressiver als in unseren Breitengraden. In den Tropen kann die Sonnenexposition heller Haut über die Mittagsstunden innert kürzester Zeit zu einem gravierenden Sonnenbrand mit Schwellung und Blasen führen. Die langfristigen Schäden sind bekannt. Allerdings geht oft vergessen, dass ein übler Sonnenbrand auch schon mal ganze Reisepläne durcheinander bringen kann. Denn an eine längere Busfahrt mit einem verbrannten Rücken oder an eine Etappe mit Rucksack und von der Sonne malträtierten Schultern ist kaum zu denken …

Auch ungewohnte Hitze und Kälte setzen unseren Körpern zu. Übermässige Hitze kann zu ernst zu nehmenden Sonnenstichen, Hitzeerschöpfung oder einem

Wasser kann Organismen, Chemikalien und Schwebestoffe enthalten. Unterwegs existieren drei Möglichkeiten, Wasser trinkbar zu machen: Es kann entweder abgekocht, chemisch behandelt oder gefiltert werden.
Die sicherste Wasseraufbereitung erfolgt durch die Verwendung von *Wasserfiltern*. Dabei wird das Wasser durch kleinste Löcher (um die 0,0002 mm) gepresst. Die üblichen *Keramikfilter* halten also Schwebeteile, Krankheitserreger und generell alles, was grösser als 0,2 Mikrometer ist, zurück. (Einzig Viren sind kleiner als 0,2 Mikrometer, sitzen aber in der Regel auf einem Wirt, der hängen bleibt.) *Aktivkohlefilter* entfernen ausserdem chemische Verunreinigungen sowie Geruchs- und Geschmackstoffe. Meist reicht ein einfacher Filter aus Keramik aus. Auf dem Markt sind jedoch auch «Kombifilter» erhältlich.
Zur *chemischen Behandlung* wird meistens Chlor eingesetzt. Dieses weist aber den gewichtigen Nachteil auf, nur Bakterien und Viren zu eliminieren. Mehr- und Einzeller wie zum Beispiel Amöben und Lamblien können Chlorkuren überstehen. Hinzu kommt, dass chemische Präparate sonstige Verunreinigungen nicht entfernen und nur in klarem Wasser funktionieren! Der Vollständigkeit halber sei hier auch Iod erwähnt. Dieses ist effizienter als Chlor, ist in der Schweiz jedoch verboten, da es auf Dauer und in höherer Dosierung angewendet gesundheitsschädlich ist.
Durch das *Abkochen* werden Krankheitserreger zuverlässig abgetötet, sofern das Wasser rund zehn Minuten sprudelnd gekocht wird. Nicht entfernt werden Schwebeteile und die meisten Chemikalien. Ein Problem entsteht ausserdem in grossen Höhen: Da der Siedepunkt auf 3000 Meter über Meer bei 90° C, im Hochgebirge um die 80° C liegt, wird das Wasser nicht mehr genug heiss, um alle Erreger unschädlich zu machen. Wird auf einem portablen Kocher abgekocht, ist ausserdem der Sprit- oder Gasverbrauch bei dieser Methode sehr hoch.

Hitzschlag führen. Besonders bei Hitze sowie in grossen Höhen empfehlen Reisemediziner, täglich nicht weniger als zwei bis drei Liter Flüssigkeit zu trinken (keine dehydrierenden Getränke wie Kaffee oder Tee). Ebenso unangenehme Folgen kann Kälte haben. Ein angemessener Schutz ist nicht zu verachten: Warme, winddichte Kleidung und allenfalls ein ausreichend warmer Schlafsack sind für kalte Gegenden unabdingbar.

Während kalte Nächte in Schlafsäcken wahrscheinlich wenig Gelegenheit für erotische Abenteuer bieten, gibt es genügend andere klimatische Zonen und Gelegenheiten, in denen solchen nichts im Weg steht. Selbst wenn die meisten Reisenden von sich behaupten werden, auf einer Reise selten an erotischen Bekanntschaften, geschweige denn an ungeschütztem Sex interessiert zu sein, deuten die Aussagen der Ärzte in eine andere Richtung: Viele Reisende geniessen – wie es im Fachjargon heisst – Gelegenheitskontakte, und viele tun dies ungeschützt. Nun, für alle, die es noch nie gehört haben: HIV respektive Aids kann jeden und jede von uns betreffen, und bis heute gibt es keine Heilung. Ausserdem schützt ein Präservativ vor einer Reihe anderer sexuell übertragbarer Krankheiten wie zum Beispiel Hepatitis B.

Für die Reise in Gebieten, in denen die Malaria oder das Denguefieber vorkommen, muss während der Reise zusätzlich peinlichst genau auf den Schutz vor Mückenstichen geachtet werden. Dazu gehört ein Insektenschutzmittel, das eine genügend hohe Konzentration an DEET (30 % oder mehr) aufweist, Moskitonetze, Räucherspiralen und schützende Kleidung. Nachtaktive Mücken (z. B. die für eine Malariaübertragung verantwortliche Anophelesmücke) mögen dabei helle Stoffe weniger als dunkle. Tagaktive Mücken wie beispielsweise die Aedesmücke (Übertragung von Denguefieber) haben keine Präferenzen. (Bitte beachten Sie: Bei den eben genannten Hinweisen handelt es sich um einen Minimalschutz. Traveller sollten sich vor einer Reise in ein gefährdetes Gebiet unbedingt detailliert und von kompetenter Stelle informieren lassen.)

Krank unterwegs – Wie man sich bettet, so liegt man

An vielen Reisedestinationen erkranken fast alle Reisende einmal. Das ist eine Tatsache, an der es nichts zu rütteln gibt. Gut vorbereitete Traveller laufen allerdings weniger Gefahr, an etwas wirklich Ernsthaftem zu erkranken; zweitens wird eine Erkrankung einfacher durchzustehen sein, wenn man auf eine gute Reiseapotheke und umfassende Informationen zurückgreifen kann.

Allein zu reisen und krank an einem abgelegenen Ort zu stranden ist eine üble Vorstellung. Daher ist es besonders für allein Reisende empfehlenswert, sich beim Auftreten erster Krankheitssymptome für eine ernstere Situation rechtzeitig einzurichten. In den meisten Fällen ist dies möglich, da man sich selten von einer Sekunde auf die andere abgrundtief elend fühlt. Besorgen Sie sich während der «Galgenfrist» einen reichlichen Vorrat an Getränken und Proviant (besonders bei Magen-Darm-Problemen leicht verdaulichen Proviant). Sollten Sie allein unterwegs sein und sich an einem sehr abgelegenen Ort befinden, erwägen Sie die Weiterreise in eine grössere Ortschaft. Im schlimmsten Fall wird dort die ärztliche Versorgung oder die Möglichkeit für einen internationalen Anruf in die Hei-

---

Notieren Sie vor der Abreise alle wichtigen Telefonnummern, die im medizinischen Notfall wichtig sind, und tragen Sie diese während der Reise mit sich. Dazu gehören sowohl Nummern in der Schweiz (24-h-Helpline der Krankenversicherung, Rega) sowie Nummern im Reiseland (Notruf, Schweizer Botschaft oder konsularische Vertretung, englischsprachige Klinik).

Wird ein auf sich gestellter Traveller wirklich krank, gilt es, eine wichtige Regel zu befolgen: Hören Sie nie auf zu trinken!

Besonders wer unter Durchfall leidet, muss täglich mindestens drei Liter Flüssigkeit und leichte Kost (Zwieback, Bouillon, gekochte Kartoffeln, Reis) zu sich nehmen. Ein Mittel gegen Durchfall sollte nur dann eingenommen werden, wenn nicht gleichzeitig hohes Fieber, starke Bauchkrämpfe oder Blut im Stuhl auftreten. Bei diesen Symptomen wird eher ein Antibiotikum respektive eine nähere Abklärung angesagt sein. Allgemein ist es ratsam, dem Durchfall mindestens einen Tag freien Lauf zu lassen, um das, was zu schaffen macht, herauszuspülen. Medikamente gegen Durchfall (z. B. Immodium) heilen nicht, sondern stopfen nur.

Hygiene – Wenn Iod den Verstand killt

Wasseraufbereitung ist eine etwas langwierige Angelegenheit, um die man als Traveller in manchen Regionen nicht herumkommt. Besonders in grossen Höhen, wo man täglich drei bis vier Liter Wasser trinken sollte, kann das tägliche Prozedere der Wasseraufbereitung bereits bei zwei Personen zu einer logistisch komplexen Aufgabe werden: so auch während einer Reise in Nepal, wo wir das Wasser mit Iod behandelten.

Da staunten wir eines Abends nicht schlecht, als vor der Lodge im tiefsten Himalaja ein riesiger Wasserbehälter stand, versehen mit einem kleinen Wasserhahn und einem Schild: «Iodine Water» (Iod-Wasser). «Aufmerksame Lodge-Besitzer!», dachte ich und machte mich ohne zu zögern daran, unsere Wasservorräte aufzufüllen.

In diesem Moment kreischte eine hysterische Frauenstimme hinter mir auf und rief: «No, no, stop, stop!» Erschrocken fuhr ich herum und schaute in das aufgebrachte Gesicht einer älteren Dame, die zu einer Trekking-Gruppe gehörte.

Im ersten Augenblick glaubte ich, sie würde mit etwas viel Verve das Wasser als Privateigentum der Gruppe verteidigen. Doch die Lady starrte mich in grosser Sorge an und stammelte: «You can't drink this. It's Iodine Water!» Daraufhin schaute ich sie meinerseits ziemlich perplex an und meinte verunsichert, genau das hätten wir in den vergangenen Wochen getrunken!

Sie ging jedoch nicht auf meinen Einwand ein und blieb bei ihrer Meinung: «No, it's not drinking water. It's just to wash the germs off your hands!» – In Deutsch: um die Hände von Bazillen zu reinigen. Verwirrt brachte ich ein «Aha» über die Lippen und ging mit leeren Flaschen enttäuscht zurück in die Lodge.

«Was Reiseunternehmen doch nicht alles tun, um ihren Gästen die ‹Wildheit des Himalaja› näher zu bringen», dachte ich an diesem Abend. Und am nächsten Morgen staunte ich nicht einmal mehr, als ich sah, wie ein paar Sherpas der Gruppe das Plumpsklo hinter der Lodge und dessen Umgebung mit Räucherstäbchen desodorierten…

mat besser sein. Informieren Sie ausserdem jemanden in Ihrer Nähe über Ihren Gesundheitszustand (z.B. andere Traveller oder den Hotelbesitzer).

Gegen viele leichtere Beschwerden unterwegs eine gute Alternative zu herkömmlichen Medikamenten: die alten Hausmittel unserer Grossmütter! Gerade auf Reisen lohnt es sich ungemein, Omas Ratschläge wieder hervorzukramen. Denn neben der Tatsache, dass sie in vielen Fällen sehr hilfreich sind, finden sich die einfachen Zutaten fast überall auf der Welt.

Eine kleine Auswahl der gängigsten alten Hausrezepte unserer Grossmütter gegen typische Reisekrankheiten:
Ganz allgemein wirkt frischer *Limetten- oder Zitronensaft* gegen Viren. *Knoblauch* hingegen beugt bakteriellen Erkrankungen vor. Ausserdem soll Knoblauch in rauen Mengen gegen die Höhenkrankheit wirken (dies sagen nicht Grossmütter, sondern nepalesische Sherpas). Frischer oder getrockneter *Ingwer* hilft bei Reisekrankheit oder Übelkeit und stärkt das ganze Immunsystem. Ebenso bei Magenproblemen oder aber Nervosität kann ein *Kamillentee* beruhigend sein. *Feigen* und *Leinsamen* helfen gegen Verstopfung, und wer an Durchfall leidet, dem sei folgender *«Durchfall-Trank»* zur Vermeidung von Dehydration und Kaliummangel empfohlen: 0,5 l Orangensaft, 0,5 l Wasser, 1 EL Zucker, 1 TL Salz. Vorbeugend gegen Durchfall hilft ausserdem *Naturejoghurt*. Äusserlich angewendet ist es daneben ein hervorragendes Hausmittel gegen vaginale Pilzinfektionen. Blasenentzündungen können durch *Preiselbeersaft* (Englisch: Cranberryjuice) und reichlich Wasser oder Blasentee gelindert werden. Bei Halsschmerzen ist *Salbei* angesagt, bei Husten oder verstopfter Nase *Kampfer* und eine abgekochte *Salzwasserlösung* zur Spülung der Nase oder zum Gurgeln. Nicht zuletzt gehört *Essig* auf die Liste. Essigstrümpfe sind immer noch etwas vom besten gegen Fieber, Essigwickel oder *essigsaure Tonerde* hilft gegen Sonnenbrand und Insektenstiche. Nicht gegen alle Insekten gibt es eine Abwehr aus der Hausapotheke. Wer sich aber Mücken vom Leib halten will, versuche es mit *Zitronenöl* und dem täglichen Genuss eines chininhaltigen *Tonicwaters* (letzteres ein Tipp der Engländer aus der Kolonialzeit).

Auswege aus der ausweglosen Situation – Rega, Botschaft oder Klinik?
Ist ein Traveller trotz umfassender Vorbereitungen und entsprechender Apotheke in einer ratlosen gesundheitlichen Situation, ist unter Umständen medizinische Hilfe oder zumindest eine medizinische Abklärung nötig. Leider ist dies im Ausland häufig einfacher gesagt als getan. Die Versorgung ist vielerorts schlechter als ein (selbst welterfahrener!) Europäer sich dies vorstellen kann. Hinzu kommen oft sprachliche Barrieren oder kulturelle Missverständnisse. (In manchen Ländern denken Ärzte beispielsweise, ein Patient erwarte in jedem Fall eine Behandlung, selbst wenn keine exakte Diagnose gestellt werden kann. In solchen Fällen macht ein Arzt vielleicht irgendetwas, um sein Gesicht nicht zu verlieren.) Reisende

müssen sich daher überlegen, ob es sinnvoller ist, eine medizinische Versorgung vor Ort vorzuziehen oder per Telefon mit der Heimat oder der Botschaft Kontakt aufzunehmen. Denn oft geht vergessen, dass beispielsweise die Schweizer Botschaft, die 24-h-Assistance einer Versicherung oder die Rega nicht nur Repatriierungen in Notfällen organisieren, sondern auch mit Ratschlägen und der Vermittlung von Hilfe im Ausland Travellern zur Seite stehen.

Haben Sie Zugang zu einem internationalen Telefon, so ist ein Anruf in die Schweiz (24-h-Assistance einer Versicherung, Rega) oder auf die Schweizer Botschaft – je nach Kultur, Sprache und medizinischer Versorgung eines Landes – zuweilen sinnvoller als der Besuch eines lokalen Arztes.

Bleibt kein anderer Weg mehr, als sich in medizinische Versorgung zu begeben, sollten Quittungen von Medikamenten unbedingt aufbewahrt und alle durchgeführten Therapien schriftlich festgehalten werden. Wieder zurück in der Heimat wird dies einem Arzt oder einer Ärztin die Weiterführung der Behandlung erleichtern.

fazit

Es gibt Bereiche des Reisens, denen etwas Gutes abzugewinnen einfacher fällt als beim Thema dieses Kapitels. Schliesslich ist krank sein in jedem Fall unerwünscht und unangenehm, und weder die Prophylaxe in Form von Impfungen noch das Zusammenstellen einer Reiseapotheke ist eine wirklich erbauliche Angelegenheit.

Und doch: Wer unterwegs, auf sich selbst gestellt, schon einmal krank wurde, hatte vielleicht trotz allen Unannehmlichkeiten die Möglichkeit, etwas Aussergewöhnliches zu erleben – zumindest aus der Distanz der Retrospektive betrachtet. Selten sind wir nämlich so direkt mit unserem eigenen Körper konfrontiert, wie wenn wir ausser Reichweite eines Hausarztes oder einer Apotheke krank werden; selten werden wir so auf uns selbst angewiesen sein, um Mittel und Wege aus einer misslichen Lage zu finden.

Nicht, dass dies wünschenswert wäre! Doch wenn es eintrifft, so ist es eine recht intensive, persönliche Erfahrung, die uns drei Dinge vor Augen führt: Erstens sind wir viel zäher, als wir gemeinhin denken, zweitens verfügt unser Körper über erstaunliche Ressourcen, und drittens findet sich auch am Ende der Welt eine Lösung – drei durchaus wertvolle Erfahrungen!

Nicht zuletzt finden sich auch ganz nüchtern betrachtet zwei positive Aspekte angesichts der Gesundheit während einer Reise: Wer nicht erkrankt, wird sich ungemein gut fühlen. Wer aber nach einer Erkrankung wieder munter ist, wird sich noch viel besser fühlen. Oder in anderen Worten: Obwohl einiges auf dem Spiel steht, gibt es doch auch Wesentliches zu gewinnen!

check

Vor der Reise

- Gesundheitsrisiken im Reisegebiet abklären (auch für nicht tropische Länder!)
- Impfbüchlein auf Aktualität der Immunisierungen überprüfen
- Reiseapotheke zusammenstellen (kann auch alternativmedizinische Mittel enthalten)
- Falls nötig: Wasseraufbereitungsmittel kaufen (Filter, Chemikalien)
- Falls nötig: Malariaprophylaxe auf Verträglichkeit testen und/oder rechtzeitig mit Prophylaxe beginnen
- Falls nötig: umfassenden Schutz vor Mückenstichen besorgen (Moskitonetz, Insektenspray mit mindestens 30 % DEET-Konzentration, Rauchspiralen etc.)
- Abklären, ob Krankenkasse Auslandschutz und Repatriierung deckt sowie eine internationale 24-h-Assistance bietet. Allenfalls Rega-Gönner oder -Gönnerin werden
- Wichtige Telefonnummern notieren (Krankenkasse, 24-h-Assistance, Rega, Schweizer Botschaft, Notruf im Reiseland)

Während der Reise

- Grundlegende Hygieneregeln beachten (Hände waschen nach Klobesuch u. Ä.)
- Nahrungsmittel- und Getränkeregeln befolgen («Cook it, boil it, peel it or leave it!»)
- Trinkwasser in PET-Flaschen kaufen oder durch Abkochen, chemische Behandlung oder Filtern selber aufbereiten (nicht vergessen: vielerorts stellt die Entsorgung von Plastikflaschen ein ökologisches Problem dar)
- Nicht in stehenden Süsswassergewässern baden (Tropen und Subtropen)
- Sich gegen ungewohnte klimatische Bedingungen schützen (Sonne, Hitze, Kälte)
- Insbesondere bei Hitze und in der Höhe genügend trinken (mind. 2 bis 3 Liter)
- Bei sexuellen Gelegenheitskontakten immer Präservative verwenden
- Falls nötig: umfassender Schutz vor Mückenstichen (in Gebieten mit Malaria, Dengue etc.)

Im Krankheitsfall

- Allein Reisende: beim Auftreten erster Krankheitssymptome Vorbereitungen treffen (Getränke und Proviant kaufen, internationales Telefon eruieren, jemanden informieren)
- Im Krankheitsfall, v. a. bei Magen-Darm-Problemen: genügend trinken (mind. 3 Liter pro Tag)
- Bei bedenklichem Gesundheitszustand: Arzt oder Klinik ausfindig machen, wo Ihre Muttersprache oder eine Ihnen geläufige Fremdsprache gesprochen wird
- Gute Alternative: Assistance oder Rega in der Heimat oder konsularische Vertretung der Schweiz im Ausland anrufen, um abzuklären, ob medizinische Hilfe nötig ist, und allenfalls Kontakt mit Arzt im Reiseland herstellen, mit dem Sie sprechen können
- Quittungen von Medikamenten, die im Ausland eingenommen werden, aufbewahren und durchgeführte Therapien vom behandelnden Arzt schriftlich festhalten lassen

6 | *sprache*

Tapaailai kasto chha... und Ihnen?

Sprache ist allgegenwärtig. Tag für Tag bedienen wir uns ihrer in unterschiedlichsten Kontexten. Wir hören Nachrichten, lesen die Zeitung, geniessen Bücher oder betreiben Smalltalk, vermitteln Informationen und äussern Emotionen. Mit grosser Selbstverständlichkeit nutzen wir dieses unglaubliche System «Sprache» vom Aufstehen bis zum Schlafengehen – ja selbst nachts träumen wir in einer uns geläufigen Sprache.

Wer im Ausland unterwegs ist, nimmt an all jenen selbstverständlichen Prozessen auf einmal nur noch in beschränkter Form oder überhaupt nicht mehr teil. Am ausgeprägtesten erleben dies allein Reisende, die ohne entsprechende Sprachkenntnisse in einem fremdsprachigen Land unterwegs sind. Dies mutet erschreckend an. Doch es wird rasch klar, dass diese Situation gar nicht so furchtbar ist. Denn für die einfache Art der Kommunikation verfügt der Mensch neben der verbalen Sprache über die universelle Sprache der Mimik und Gestik. Eine wirkungsvolle und nicht zu unterschätzende Methode der Verständigung!

Zusätzlich verfügen wir neben Händen und Füssen über ein äusserst lernfähiges Gehirn, das in Sachen Sprache Unglaubliches leistet. Befinden wir uns in einer fremdsprachigen Umgebung, lernt es innert kürzester Zeit grundlegende Bestandteile einer Sprache zu extrahieren und anzuwenden. Zählen wir nun zu all diesen Fähigkeiten noch die vielen, auf dem Markt erhältlichen sprachlichen Hilfsmittel hinzu, wird auf einmal jede scheinbar unüberwindbare Sprachbarriere zu einer immer kleineren Hürde, die schliesslich mühelos überwunden werden kann.

Was es zu beachten gilt

Was für den Bereich der Kultur gilt, trifft in noch ausgeprägterem Masse für die Sprache zu: Die Zahl der möglichen Missverständnisse strebt gegen Unendlich! Es gibt ungefähr so viele Möglichkeiten, etwas falsch zu sagen oder falsch zu verstehen, wie es Worte und Kombinationsmöglichkeiten von Worten in einer Sprache gibt. Verfügen die Kommunizierenden aber über genügend Geduld und Fantasie, um auf sprachliche Gehversuche des Gegenübers einzugehen oder Sätze jenseits jeglicher Grammatik zu verstehen, werden aus den unangenehmen Missverständnissen meistens fröhliche und herzerwärmende Momente.

Anstrengend wird es erst, wenn das Gegenüber diese Geduld nicht aufbringen möchte. In diesem Fall wird man sich als Traveller, der mit aller Hingabe zu kommunizieren versucht, unweigerlich veräppelt und hilflos vorkommen. Besonders in Streitsituationen steht man als Person, die einer Sprache nicht mächtig ist, rasch im Abseits und kann sich häufig nur schwer rechtfertigen oder wehren. Unangenehm wird das Ganze, wenn die sprachlichen Defizite eines Reisenden ausgenutzt werden, um diesen über den Tisch zu ziehen, für dumm zu verkaufen oder einfach auszulachen. Da wir als Reisende – wie auch im Alltag – nicht nur netten Menschen begegnen, muss leider auch mit diesen Situationen gerechnet werden. Eine seriöse und durchdachte Reisevorbereitung in Sachen Sprache kann die Wahrscheinlichkeit für solche Erlebnisse aber beträchtlich reduzieren.

Rund um die Uhr von einer Fremdsprache umgeben zu sein, hat direkte Auswirkungen auf Körper und Geist. Der ständige Mehraufwand an Denkarbeit während der Kommunikation – eine Tatsache, die oft unterschätzt wird – führt unter anderem zu erhöhtem Schlafbedarf oder Gereiztheit. Nehmen Sie sich in diesem Fall genügend Zeit, sich auszuruhen. Im Verlauf einer Reise gewöhnen sich Kopf und Geist an die neuen sprachlichen Gegebenheiten und die Symptome werden automatisch nachlassen.

Was ausserdem häufig vergessen geht: Der Aufenthalt in einem Land, dessen Sprache einem nicht geläufig ist, hat eine direkte Auswirkung auf unser psychisches und physisches Wohlbefinden. Dies äussert sich unter anderem in einem rascheren Ermüden, höherem Schlafbedarf oder allgemeiner Gereiztheit. In manchen Fällen verspüren Reisende nach einer gewissen Zeit in einem fremdsprachigen Land auch eine ausgeprägte Abneigung gegen den Klang einer Sprache. Solche Reaktionen sind kein Grund zur Sorge. Sie verschwinden im Normalfall im Verlauf der Reise. Manchmal braucht ein Traveller einfach etwas mehr Zeit und Ruhe, um die Eindrücke und Erlebnisse einer Reise anzunehmen. Denn gerade ein Defizit an alltäglicher Verständigung kann – vor allem bei allein Reisenden – das Verarbeiten von positiven wie auch negativen Erfahrungen erschweren.

Vor der Reise: Wer spricht was? –
Oder: Verstehen Mongolen Russisch?

Informieren Sie sich möglichst früh, welche Sprache und welche Fremdsprachen

Sprachanekdoten

Anekdote 1
Eine in der Schweiz weilende Australierin kam etwas zu spät zu einem gemeinsamen Treffen. Sie entschuldigte sich für die Verspätung und erklärte, sie habe sich noch zurechtmachen wollen und dummerweise ihre Brusthaare nicht mehr gefunden! Verblüfft starrten wir sie an, bis uns dämmerte, dass es sich beim nicht auffindbaren Objekt um die Haarbürste gehandelt hatte.

Anekdote 2
Als ich in Spanien studierte, ging ich öfters Klettern und Bouldern (Klettern an einem kleinen Felsblock ohne Sicherungsseil). In ein fragwürdiges Licht geriet ich dabei, als ich meinen nicht kletternden, spanischen Freunden erklärte, Bouldern sei «escalar sin ropa». Leider hatte ich das englische Wort «rope» (Seil) mit dem spanischen Wort «ropa» (Kleidung) verwechselt.

Anekdote 3
Zur Abfahrt bereit sassen wir in voller Tauchausrüstung auf dem Tauchboot an der Küste Südspaniens. Ein Hund namens Zerra, treuer Begleiter meines spanischen Tauchkollegen, stand dabei Schwanz wedelnd auf dem Steg, traute sich einen Sprung aufs Boot aber offenbar nicht zu. Ermutigend wollte ich seinen Namen rufen. Ich verwechselte dabei einen kleinen Vokal und rief: «Komm Zorra, spring!» Schlagartig verstummten alle Anwesenden und verfielen in ein peinliches Schweigen. Der eine Vokal hatte seine Wirkung nicht verfehlt: Während «Zerra» ein niedlicher Hundename ist, heisst «Zorra» im alltäglichen spanischen Sprachgebrauch so etwas wie «dreckige Schlampe». Ich wäre am liebsten im Erdboden versunken und war nicht unglücklich darüber, wenige Minuten später tatsächlich unter dem Tauchboot abtauchen zu können.

Anekdote 4
Als eine meiner Freundinnen in Tibet unterwegs war, bestellten sie und ihre Reisekollegen in einem Restaurant ihr Nachtessen. Man kommunizierte mit dem Kellner in Englisch und ihr Kollege sagte: «I would like a steak» (ich möchte ein Steak). Sie schloss sich seiner Bestellung mit den Worten «Me too» (ich auch) an. Leider interpretierte der Kellner die Aussage «me too» als «me two» und – siehe da! – wenig später sass sie vor einem Teller mit zwei riesigen Steaks… Glücklicherweise halfen die Kollegen beim Aufessen mit.

im Reiseland gesprochen werden. Bringen Sie ausserdem in Erfahrung, welches die offizielle Landessprache ist, in der wichtige Dokumente – zum Beispiel Einreiseformulare! – verfasst sind. Denn die Reise beginnt nicht unbedingt entspannt, wenn man noch vor dem Zoll mit kryptischen Papieren konfrontiert wird. Reicht die zur Verfügung stehende Zeit vor der Reise aus, empfiehlt sich das Aneignen einiger Grundkenntnisse der Landessprache. Ist diese allzu exotisch, kann allenfalls auf eine andere Fremdsprache zurückgegriffen werden, die im Land von einem Grossteil der Bevölkerung gesprochen wird (beispielsweise Russisch anstatt Kirgisisch in Kirgistan oder Dänisch anstatt Grönländisch in Grönland). Denken Sie dabei daran: Obwohl wir Englisch als «Weltsprache» bezeichnen, sprechen Menschen in weiten Teilen der Erde kein Wort Englisch. Es ist daher bei gewissen Destinationen umso wertvoller, einige Brocken in der jeweiligen Landessprache erlernt zu haben.

In weiten Teilen der Welt ist Englisch nicht die Fremdsprache Nummer eins. So sind Reisende mit geringen Kenntnissen des Spanischen, Französischen oder Russischen in manchen Ländern weit besser aufgehoben als jene mit hervorragenden Englischkenntnissen.

Wer sich voraussichtlich direkt nach der Ankunft im Reiseland einer nicht sehr geläufigen Fremdsprache bedienen muss, tut ausserdem gut daran, sich die wichtigsten «Ankunftssätze» bereits im Voraus zurechtzulegen und auswendig zu lernen. Einfache Wendungen in der Landessprache wie «Wo ist der Taxistand», «Bitte bringen Sie mich zu folgendem Hotel» oder «Haben Sie ein freies Doppelzimmer» können den Reisebeginn wesentlich vereinfachen.

Verständlicherweise haben Traveller nicht vor jeder Reise Zeit, sich eine neue Sprache anzueignen. Besonders bei längeren Reisen durch mehrere Länder würde die Vorbereitungszeit unrealistisch lang werden. Die perfekte Lösung für diese Fälle bieten handliche Wörterbücher sowie die so genannten Phrasebooks – zu Deutsch Sprachführer. Diese weisen gegenüber herkömmlichen Wörterbüchern den grossen Vorteil auf, dass Reisende ohne Kenntnisse der Grammatik einer Sprache kommunizieren können; sei es, indem die aufgeführten Sätze abgelesen oder aber dem Gegenüber zum Lesen überreicht werden. Je nach Situation nützlich sind auch speziell für Reisende konzipierte Bücher mit Bildern oder Fotografien von Alltagsgegenständen, die wortlose Kommunikation über sprachliche Hürden hinweg auf verblüffende Weise ermöglichen.

Wer sich im Reiseland nicht verständigen kann, ist auf brauchbare Hilfsmittel angewiesen. Neben den herkömmlichen Wörterbüchern und Sprachführern (Phrasebooks) können auch kleine Bücher mit Abbildungen von Alltagsgegenständen bestechend effizient sein. Ein solches ist «Point it, Travellers Language Kit», erschienen beim Verlag Graf in München. Ein weiteres ist das «OhneWörterBuch – 500 Zeigebilder für Weltenbummler», das von Langenscheidt herausgegeben wird.

So können sich Traveller mit den richtigen Hilfsmitteln in manchen Ländern auch ohne Sprachkenntnisse durchschlagen. Vorsicht geboten ist allerdings dort, wo ein unbekanntes Alphabet verwendet wird: Wer weder Strassenschilder, Hotelnamen noch Namen von Haltestellen lesen kann, wird Mühe haben, sich in einer unbekannten Gegend zurechtzufinden. Hier lohnt sich auf alle Fälle das Erlernen des fremden Alphabets – und sei es nur, um einen Strassennamen oder ein Schild lesen zu können.

Neben vielen privaten Sprachschulen bieten auch die Migros-Klubschule und die Volkshochschule diverse Sprachkurse (zu attraktiven Preisen) an. Informationen sind unter *www.klubschule.ch* respektive bei der Volkshochschule Ihrer Region (z. B. *www.vhszh.ch* für Zürich oder *www.vhsbe.ch* für Bern) zu finden.

Unterwegs – Fremdsprachen als Live-Experiment

Bleiben Sie bei Schwierigkeiten der Verständigung immer freundlich, selbst wenn Ihnen definitiv nicht danach ist. Denken Sie in diesen Momenten daran: Es ist nicht der Fehler Ihres Gegenübers, wenn es Sie nicht versteht. Und es ist auch nicht der Fehler Ihres Gegenübers, dass Sie in diesem Land reisen. Sie als Traveller sind verantwortlich dafür, sich für das Gelingen der Kommunikation einzusetzen. Reagieren Sie also nicht gereizt oder verständnislos, wenn es mit der Verständigung nicht auf Anhieb klappt. Versuchen Sie es stattdessen mit einem Lächeln, und machen Sie Ihre Kommunikationspartner in konstruktiver Weise auf Ihre linguistischen Bedürfnisse aufmerksam: Bitten Sie Leute z. B. darum, langsamer zu sprechen oder etwas in anderen Worten zu sagen. Das Wissen darüber, wie man angemessen auf eine fremdsprachige Person reagiert, ist nicht selbstverständlich vorauszusetzen. So kommt es oft vor, dass gerade Personen, die sich den Umgang mit anderssprachigen Ausländern nicht gewohnt sind, dazu neigen, nicht langsamer, sondern lauter zu sprechen oder Dinge immer wieder in denselben Worten zu wiederholen.

Egal, wie geläufig einem Traveller eine Sprache ist, die Verantwortung, Verständigungsprobleme zu überwinden, liegt in jedem Fall beim Reisenden. Allein aus Respekt gegenüber dem Reiseland ist es in der Verantwortung des Travellers, die Grundlagen einer Sprache des Reiselandes zu erlernen. Ist dies nicht möglich, ist ein «Danke», «Bitte» oder «Hallo» in der Landessprache doch eine nette Geste.

Sollte es auf der verbalen Ebene einfach nicht mehr weiter gehen, ist dies kein Grund zu verzweifeln. Mimik und Gestik sind eine gute Alternative; Stift und Notizblock ebenfalls! Das Repertoire an pantomimischen, universell verständlichen Ausdrücken ist riesig, und zusammen mit einigen simplen Wörtern, einem Phrasebook oder Bildern lässt sich erstaunlich gut miteinander kommunizieren. Der Notizblock wiederum ist optimal für Preisverhandlungen, Vereinbarungen von Daten, Namen von Hotels oder Adressen. Sollen hingegen anstelle

Russisch in Zürich

Als wir eines Abends die Zürcher Bahnhofstrasse entlangschlenderten, kam ein aufgebrachter Mann auf uns zu. Er war um die fünfzig Jahre alt, trug einen Trainingsanzug und war der Verzweiflung nahe. Auf Russisch, versetzt mit einigen englischen Worten, redete er in flehendem Ton auf uns ein. Es dauerte eine Weile, bis wir verstanden: Der Mann gehörte zu einem russischen Sportteam und hatte im Getümmel seine Gruppe verloren.

Das Dumme an der Sache war, dass er weder den Namen noch die Adresse des Hotels kannte. Da er mit unserem Alphabet wenig anfangen konnte, war auch der Stadtplan unbrauchbar. Das Einzige, was er in Zürich überhaupt lesen konnte, waren die Zahlen der Tramlinien, doch darauf hatte er beim Verlassen des Hotels leider nicht geachtet… Viel blieb uns nicht zu tun. Einziger Anhaltspunkt bildete schliesslich die Limmat, an die er sich offenbar erinnern konnte; und so wiesen wir ihm den Weg in Richtung Fluss und hofften innig, er würde sein Hotel wieder finden.

Als ich ein Jahr später eine Reise nach Kirgistan plante, war ein Entschluss rasch gefasst: Als Erstes würde ich einen Russischkurs besuchen – und sei es nur, um das Alphabet zu lernen! Ich musste nämlich oft an den verzweifelten Russen zurückdenken, und eines war mir klar: Ich wollte alles unternehmen, um nicht eines Tages in eine ähnlich ausweglose Situation zu geraten!

von Informationen vor allem Emotionen vermittelt werden, bietet sich die Möglichkeit an, einfach in der Muttersprache draufloszureden. Denn wenn es um das Ausdrücken starker Gefühle geht – Wut, Trauer, Verzweiflung, grenzenlose Freude oder grosse Dankbarkeit –, wird die geläufige Sprache für andere gemeinhin «verständlicher» sein als ein unsicheres Stammeln mit rudimentären Fremdsprachenkenntnissen.

Wie aus dem Alltag bestens bekannt, geht in der Kommunikation erst dann wirklich etwas schief, wenn gar nichts mehr geht: wenn entweder keine Kommunikation mehr stattfindet oder der eine den anderen schlicht nicht verstehen kann oder verstehen will. So ist es auch beim Reisen. Frustrierend wird die Verständigung erst dann, wenn sich zwei Personen gegenüberstehen, alle Möglichkeiten alternativer Kommunikationswege ausgeschöpft sind und sie wissen: «Wir haben beide keine Chance, den anderen zu verstehen!» Was dann? Falls sich die Situation um nichts unmittelbar Wichtiges dreht, wird es am einfachsten sein, die Sache mit einem entschuldigenden Lächeln zu beenden. Handelt die Kommunikation – oder in diesem Fall «Nicht-Kommunikation» – von etwas Unerlässlichem, bleibt Ihnen ein erneuter Versuch kaum erspart. Atmen Sie nochmals tief durch und ziehen Sie anschliessend alle Register, von der Skizze über die Pantomime bis hin zur Kleinkindsprache. Falls es sich anbietet, rufen Sie Drittpersonen herbei. Denn wenn eine Person Sie nicht versteht, muss dies nicht auch für andere gelten.

Nutzen Sie alle erdenklichen Möglichkeiten der verbalen und nonverbalen Kommunikation. Mimik, Gestik, Notizblock und Schreibzeug, Kleinkindsprache und Bilder helfen zusammen mit simplen Worten in der Landessprache, Wörterbüchern und Phrasebooks über praktisch jede sprachliche Schranke hinweg.

Hin und wieder geraten Traveller an Leute, die den Effort des Reisenden, sich in einer Fremdsprache verständlich zu machen, nicht zu schätzen wissen. Im Normalfall handelt es sich dabei um Personen, die selbst nie eine Fremdsprache erlernt haben und sich daher der Schwierigkeit und Überwindung nicht bewusst sind, in einer ungewohnten Sprache zu kommunizieren. So kommt es schon mal vor, als Reisender wegen mangelnder Sprachkenntnisse nicht beachtet oder geradeheraus ausgelacht zu werden. Lassen Sie sich in diesen Momenten nicht ins Bockshorn jagen! Strotzen Sie ruhig vor Selbstbewusstsein. Denn jede Person, die versucht, in einer fremden Sprache zu kommunizieren, sollte einen kleinen Orden verliehen bekommen!

Gehen Sie Kommunikation in einer nicht oder nur wenig geläufigen Sprache mit viel Humor und möglichst wenigen Hemmungen an. Denken Sie daran: Unterwegs ist die Verständigung in einer anderen Sprache ein Live-Experiment und kein trockenes Schulexamen!

Insbesondere allein Reisende geraten in fremdsprachigen Ländern in eine Art sprachliche Isolation. Nicht allen liegt es, tagelang keine Konversation zu führen. Wenn Sie eher der kommunikative Typ

Vier Tassen Tee

Stolz verliess ich das Hotel. Soeben hatte ich die Hotelangestellte Nadja erfolgreich gefragt, ob sie meine schmutzige Wäsche waschen könnte, anschliessend einen Preis für den Service ausgehandelt und zum Schluss noch in Erfahrung gebracht, wann ich die Wäsche wieder abholen würde – und das alles auf Russisch! Beschwingt und selbstzufrieden überquerte ich nach diesem Erfolgserlebnis die Strasse und setzte mich mit einem Stapel ungeschriebener Postkarten in ein nettes Kaffee auf der anderen Strassenseite.

Als der Kellner an meinen Tisch trat, bestellte ich nicht wie üblich «Kofe Smalokom» (Kaffee mit Milch) oder «Tschaschka Tschai» (eine Tasse Tee). Nein, diesmal gab ich mich selbstbewusst und liess mich auf die linguistisch komplexe Diskussion über die Grösse eines Teekrugs ein. Schliesslich wollte ich einen Moment im Kaffee verweilen. Ein Krüglein Tee wäre also recht viel ansprechender als eine kleine Tasse, dachte ich mir.

Auf meine Frage, wie gross ein Krug Tee sei, schaute mich der Kellner verunsichert an. Also versuchte ich es bildlich. Ich fragte – meiner Meinung nach in einem logisch und klar formulierten Satz – wie viele Tassen «in einem Krug drin sind». «Zwei?» «Vier?» «Mehr?» Der arme Kellner, der unter meinem übersteigerten sprachlichen Selbstbewusstsein zu leiden hatte, nickte irgendwann resigniert und sagte «Tschetiri» (Vier). Ich nickte bestimmt und antwortete: «Da, otschien choroscho!» (Ja, sehr gut!).

Der Kellner verschwand; ich lehnte mich entspannt zurück und genoss mit grosser Zufriedenheit die Freiheit, in einer noch vor kurzem fremden Sprache kommunizieren zu können. Als der Mann aber wenig später an meinen Tisch zurückkehrte, wurde ich mit einem Schlag auf den Boden der Realität zurückgeholt: Vor meinen Augen servierte er einen immensen Teekrug und deckte den Tisch fein säuberlich mit einem kleinen Krüglein Milch, einer Zuckerdose und – vier Tassen!

Ich traute meinen Augen nicht. Beschämt über mein eingebildetes Sprachvermögen sass ich auf meinem Stuhl, sagte kein Wort und versuchte unbefangen zu lächeln. Mein Selbstbewusstsein wankte, geschlagen durch ein vierteiliges Teeservice und einen schweren Krug Schwarztee.

Nachdem alle Postkarten geschrieben waren und mein Schwarzteekonsum alle gesunden Masse überstiegen hatte, bestellte ich mit dünner, unsicherer Stimme die Rechnung. Ich vermied jeglichen Augenkontakt mit dem Kellner, legte ein grosses Trinkgeld auf den Tisch und huschte beschämt aus dem Kaffee…

sind und unter dem gewissen «Zwang zur Stummheit» leiden, sollten Alternativen gesucht werden, um das Mitteilungsbedürfnis zu stillen. Ideal sind andere allein Reisende. Diese sind meist ähnlich mitteilungsfreudig und daher einer Konversation nicht abgeneigt! Daneben eignet sich ein Tagebuch und Lesestoff in der Muttersprache, um sich nicht stumm und isoliert zu fühlen. Das Lesen heimischer Zeitungen im Internet und das Verfassen von E-Mails für die Daheimgebliebenen sind andere Varianten, um das sprachliche Defizit des Alltags etwas auszugleichen.

Die soziokulturelle Kraft der Sprache

Nicht zuletzt sollten wir uns als Traveller bewusst sein, dass Sprache neben dem Ziel der Kommunikation eine nicht zu verachtende soziokulturelle Kraft besitzt. An vielen Orten der Welt haben Sprachen starke politische, historische oder ethnische Konnotationen. Kolonialisation, vergangene Kriege oder ethnische Spannungen sind einige der Gründe dafür. In der Realität äussert sich dies meist so, dass eine bestimmte Sprache nicht gerne gesprochen oder gar als unterschwelliger Affront empfunden wird. Als rücksichtsvoller Traveller sollte man sich einige Gedanken dazu machen. Im schlechtesten Fall wird Reisenden, die sich dieser Sprache bedienen, mit Reserviertheit oder Unfreundlichkeit begegnet. Ideal ist es, als Traveller zur Verständigung bewusst eine andere Fremdsprache benutzen zu können. Gibt es zu einer «unbeliebten» Sprache keine Alternative, wird ein Gespräch am besten mit einem Satz wie «Entschuldigung, ich spreche kein Französisch, ist Englisch o.k.?» eingeleitet.

Eine Sprache besitzt immer auch ethnische, politische und historische Konnotationen und somit eine grosse soziokulturelle Kraft. Besonders in Ländern, zu deren Geschichte Kolonialisation, Kriege oder ethnische Spannungen gehörten oder immer noch gehören, ist es sinnvoll, als Traveller auf einheimische Personen wenn möglich nicht in einer unbeliebten oder gar verhassten Sprache zuzugehen.

---

fazit

Vielleicht werden wir uns erst durch die Konfrontation mit einer anderen Sprachwelt bewusst, dass Kommunikation im Grunde nichts anderes heisst als: in Kontakt mit anderen Menschen treten und sich – worüber auch immer – austauschen. Während diese Tatsache im Alltag viel zu oft in Floskeln und automatisiertem Smalltalk untergeht, tritt die ursprüngliche Essenz der Sprache auf einmal hervor, wenn zwei Menschen aufeinander treffen, die eine andere Sprache sprechen.

Was zuerst als absolute Trennung zwischen zwei Personen erscheint, ist in Wirklichkeit gar keine unüberwindbare Schranke. Auf eindrückliche Weise werden wir in diesen Momenten der universellen Sprache der Gestik und Mimik gewahr: Sie erinnern uns daran, dass Emotionen über den gesamten Globus hinweg auf jedem Gesicht gleich aussehen.

Im Rahmen dieser Betrachtungsweise verbindet uns Kommunikation über Sprachgrenzen hinweg wahrscheinlich mehr, als dass sie uns trennt. Ja, mehr noch: Sie zeigt uns, dass das Sprechen derselben Sprache für das gegenseitige Verstehen keine Voraussetzung ist. Wenn es um Essenzielles geht, verstehen wir einander auch, wenn wir nicht dieselbe Sprache sprechen.

check

Vor der Reise

- In Erfahrung bringen, welche Sprache oder welche Sprachen in einem Land gesprochen werden und in welcher Sprache offizielle Papiere (z. B. Einreiseformulare) verfasst sind
- Nicht vergessen: Englisch ist in vielen Weltteilen nicht die Fremdsprache Nummer eins
- Erlernen der Grundkenntnisse der Landessprache respektive einer Fremdsprache, die von der Bevölkerung im Reiseland gesprochen wird
- Allenfalls wichtige «Ankunftssätze» notieren oder auswendig lernen (z. B. «Wo gibt es ein Taxi in die Stadt?»)
- Allenfalls fremdes Alphabet lernen, um Strassenschilder u. Ä. lesen zu können
- Geeignete Hilfsmittel (Wörterbücher, Sprachführer, «Point it») vor der Abreise besorgen

Während der Reise

- Bei Verständigungsschwierigkeiten gelassen bleiben; nicht gereizt reagieren
- Die Initiative ergreifen, um Verständigungsprobleme zu überwinden
- Das Gegenüber freundlich darum bitten, langsamer zu sprechen oder etwas in anderen Worten zu sagen
- Mimik und Gestik ausschöpfen
- Notizblock und Schreibzeug auf sich tragen, um Namen, Daten, Preise etc. schriftlich austauschen zu können
- Emotionen in der Muttersprache ausdrücken
- Wenn es mit der Verständigung gar nicht klappt, Drittpersonen beiziehen
- Selbstbewusst bleiben und nie den Humor verlieren
- Für allein Reisende, die mangels Sprachkenntnissen keine Möglichkeit zur Konversation haben: Alternativen zur Kompensation suchen (z. B. Tagebuch schreiben, Bücher in der Muttersprache lesen, Musik in der Muttersprache hören, E-Mails schreiben, Online-Zeitungen aus der Heimat lesen)
- Ausserdem: Sprache besitzt eine grosse soziokulturelle Kraft; nicht jede Sprache ist daher überall gern gehört. Gehen Sie heikle Situationen in diesem Zusammenhang mit Fingerspitzengefühl an

7 geld

Von Rubel, Rand & Rupien

Geld bildet das Zentralnervensystem einer Reise. Solange wir welches haben, geht es weiter – andernfalls läuft gar nichts mehr. Täglich drehen sich während einer Reise viele Handlungen und Überlegungen um Devisen, selbst wenn man mit sehr kleinem Budget unterwegs ist.

Bereits im Vorfeld einer Reise ist die Wahl von Traveller Cheques, Bargeld und Kreditkarte, Landeswährung, Euro beziehungsweise Dollar entscheidend. Während der Reise wird das Thema Geld dann noch vielschichtiger. Neben den praktischen Seiten kommen kulturelle Aspekte und ethische Fragen ins Spiel. Gerade letztere können Traveller in ärmeren Ländern täglich beschäftigen und aufreiben, da es auf manche moralische Fragen einfach keine Antworten gibt.

Daneben werden Reisende in manchen Weltteilen mit dem Phänomen der Korruption konfrontiert. Sätze wie «Es tut uns sehr Leid, aber hier fehlt ein Stempel in Ihrem Pass…» oder «Unter Umständen kann ich das Museum für Sie öffnen…» haben schon manche Reisende gehört. Korruption tritt in allen möglichen Formen und Situationen auf und genauso vielfältig sind die Strategien der Traveller, damit umzugehen.

Eines wird rasch klar: Die Thematik «Geld auf Reisen» ist um einiges komplexer als Banknoten, Wechselkurse und Geldgürtel. Verantwortungsvolle Traveller müssen sich zwingend mit den damit verbundenen kulturellen und ethischen Fragestellungen und der Korruption beschäftigen.

Was es zu beachten gilt

Geld auf Reisen – So weit der Rubel rollt

Die rein praktische Frage rund ums Geld ist relativ einfach: Entweder Sie haben Geld und brauchen sich keine Sorgen zu machen, oder Sie haben keines. Letzteres ist eine der unangenehmsten Reisesituationen und gehört sicher zum «Worst Case»-Szenario eines jeden Travellers. Prophylaktische Schritte, diese Situation zu vermeiden, sind daher ungemein lohnenswert.

Zu einer seriösen Reisevorbereitung gehören Gedanken zu Währungen, Wechselkursen und Geldform (Traveller Cheques, Kreditkarte oder Bares?), einige Überlegungen zur Sicherheit des Geldes unterwegs sowie ein Notfallplan, falls alles schief geht.

Korruption: Wenn du mir, dann ich dir...

Abhängig von der Reisedestination werden viele Traveller früher oder später mit der Tatsache der Korruption konfrontiert. Art und Weise können dabei sehr stark variieren. Grundsätzlich gilt es, zwei Formen zu unterscheiden: Im einen Fall werden Reisende unter Druck gesetzt, für eine Dienstleistung oder die Umgehung einer «Strafe» Geld zu bezahlen. Im anderen Fall schmieren Traveller freiwillig eine andere Person, um etwas zu erreichen.

Fall eins kennt viele Facetten und reicht von ein Paar Dollars für einen Grenzübertritt bis hin zu ruinösen Geldbeträgen, um einer drohenden Verhaftung zu entgehen. Fall zwei spielt sich eigentlich immer in einem harmloseren Rahmen ab; im Englischen kennt man dafür auch den etwas saloppen Ausdruck «Incentives to Work». Wichtig für Reisende ist es, sich bewusst zu sein, dass Korruption vielerorts zum Alltag gehört.

Handel: Very good price for you, my friend!

In den meisten Ländern der Welt gibt es zwischen Reisenden aus dem Westen und der einheimischen Bevölkerung einen gewichtigen Unterschied: Leute aus dem Westen haben finanzielle Möglichkeiten, ein Grossteil der Landesbevölkerung hingegen nicht.

Selbst wenn man mit sehr kleinem Budget reist, hat man mehr als die lokale Bevölkerung und wird vielerorts a priori als «wohlhabend» betrachtet. Dies macht verständlich, warum viele das grosse Geschäft wittern, wenn ein westlicher Traveller in Sichtweite kommt. Die Strategien, um den «Reichen» das Geld aus der Tasche zu ziehen, sind denn auch so mannigfaltig, dass es unmöglich ist, restlos alle aufzuzählen. Manche sind zum Schmunzeln komisch, manche zum Staunen raffiniert und einige einfach dreist.

Je weniger eine Gegend bereist ist, desto weniger werden Traveller als wandelnde Geldquelle gesehen. Auch der umgekehrte Fall trifft zu: Je stärker ein Gebiet vom Tourismus geprägt ist, desto ruchloser werden Ausländer ausgenommen.

Ethische Fragen: Warum bist du arm und ich reich?

Wer nicht als Pauschaltourist, sondern als Traveller in andere Länder reist, sieht andere Realitäten. Zu diesen Realitäten gehören vielerorts auch Armut, Ungleichheit und Perspektivenlosigkeit. Wer nahe der Realität in Drittweltländern unterwegs ist, sieht unweigerlich Ungerechtigkeiten und trifft auf Menschen, die keine Chance mehr haben, oder auf Kinder, die nie eine Chance erhalten hatten. In diesem Zusammenhang sieht sich der Reisende mit elementaren Fragen konfrontiert, doch selbst wenn keine Antworten gefunden werden, erweitern diese unseren kleinen Horizont. Ausserdem ist es einem Reiseland gegenüber ehrlicher, den Tatsachen ins Auge zu blicken, als sie hinter hohen Hotelmauern hinter sich zu lassen.

Reisende in armen Ländern werden Situationen begegnen, die aufrütteln und zum Nachdenken zwingen. Sie werden Szenen erleben, die Gewissensbisse verursachen oder Fragen aufwerfen, auf die es keine Antworten gibt. Wer sich vor diesen Auseinandersetzungen scheut, reist besser nicht in Drittweltländer.

Geld auf Reisen: Teil I – Überlegungen vor der Reise

Wer in Europa reist, kann getrost mit etwas Kleingeld in der Tasche und einer EC-Karte das Haus verlassen. Selbst in dem mit Dänemark verbandelten Grönland lässt sich im Supermarkt der Einkauf mittlerweile direkt per EC-Karte bezahlen. Wer innerhalb der klassischen Industrienationen in Europa und Übersee unterwegs ist, kann ausserdem auf seine internationale Kreditkarte zählen. Einzig zu beachten gilt die Kartenlimite sowie eine (internationale!) Nummer, bei der die Karte im Verlustfall gesperrt werden kann.

In anderen Weltteilen gestaltet sich die Frage nach dem besten Zahlungsmittel etwas komplexer. Wer ausserhalb der Reichweite von EC- und Kreditkarte reist, muss andere Register ziehen. Eine ausgesprochen sichere Art, sein Reisebudget zu transportieren, sind Traveller Cheques. Diese sind zwar mit einer Kommissionsgebühr behaftet, werden dafür aber im Verlustfall ersetzt. Allerdings hat auch diese Geldform ihre Tücken. In manchen Ländern gibt es gar keine oder nur eine einzige Filiale einer Bank, die diese Cheques wechselt.

Mancherorts sind weder Kreditkarten noch Cheques ideale Zahlungsmittel. In diesem Fall bleibt einem nichts anderes übrig, als sich mit Bargeld einzudecken. Wer länger und abgelegen reist und auf Bargeld angewiesen ist, kann zudem bereits vor der Abreise abklären, ob im finanziellen Notfall die Möglichkeit eines «Money Transfers» besteht. Es ist dann sinnvoll, die Angehörigen entsprechend zu instruieren.

Werden die Devisen bereits zu Hause gewechselt, sollte je nach Reiseziel an eine kleine Stückelung gedacht werden. In manchen Ländern kann nur schlecht mit grossen Noten bezahlt werden. Kann eine Währung andererseits erst nach der Ankunft im Land eingetauscht werden, lohnt sich eine kurze Abklärung, welche

Fremdwährung am besten mitgeführt wird und wo diese am besten gewechselt wird. Nicht immer bietet die erste Wechselstube auch die besten Wechselkurse. In manchen Ländern existieren ausserdem Gesetze darüber, welche Menge Geld ein- respektive wieder ausgeführt werden kann.

Wer sich über die aktuellen Wechselkurse informieren will, findet auf der Website *www.oanda.com* unter der Rubrik *Currency Tools* einen Wechselkursrechner (FXConverter). Dieser ermöglicht das Umrechnen sämtlicher Währungen unter der Berücksichtigung verschiedener Wechselkursraten (z. B. Interbank, Kreditkarte, Cash).

Geld auf Reisen: Teil II – Überlegungen während der Reise

Ist die ganze Sache mit dem Geld erst mal geregelt, kommt die zweite Herausforderung: Wie wird der ökonomische Herzschlag der Reise am sichersten mitgeführt? Je nach der persönlichen Situation des Reisenden wird dieses Unterfangen mehr oder weniger Kopfzerbrechen bereiten. Hat ein Traveller eine angenehme Sicherheit auf seinem Konto und reist mit Kreditkarte und Traveller Cheques, braucht sie oder er sich weniger Gedanken zu machen. Bedeutet jedoch ein Verlust des Reisebudgets den Abbruch einer Reise, sollte die Situation eingehender bedacht werden.

Neben den grundlegenden Massnahmen zur Sicherheit von Geld sind wache Sinne und eine grosse Portion «gesunden Menschenverstands» eine gute Versicherung.

Grössere Beträge müssen während einer Reise unbedingt aufgeteilt transportiert werden. Ein Teil gehört auf jeden Fall in einen unter der Kleidung getragenen Geldgürtel. Ebenfalls sicher sind verschlossene Innenfächer von Rucksäcken oder Taschen, die seitlich getragen unter den Arm geklemmt werden. Sehr Diebstahl gefährdet sind alle Arten von Aussenfächern von Taschen sowie Bauchtäschchen, die über der Kleidung getragen werden. Wer auf Nummer sicher geht, versteckt einen Notbatzen unter der Schuhsohle oder in eingenähten Taschen in der Kleidung.

In den allermeisten Fällen ist es Unachtsamkeit auf Seiten der Reisenden, wenn Geld abhanden kommt.

Trotz aller Vorsicht bleibt Geld auf Reisen störanfällig. Neben Diebstahl und selbstverschuldetem Verlust können bürokratische Probleme auftreten. Klassische Beispiele sind: eine Dame am Bankschalter, die behauptet, noch nie einen Traveller Cheque gesehen zu haben; oder aber ein Geldautomat, der kurzerhand die Kreditkarte einzieht und nicht wieder ausspuckt. Nicht zuletzt wird gegebenenfalls der Reisende selbst zum Störfaktor, indem er das Budget während der Reise allzu rasch in den Bazars versickern lässt.

Egal, weshalb die Brieftasche leer ist, die Situation bleibt für die Betroffenen höchst unangenehm. Es gibt verschiedene Möglichkeiten, im Ausland zu Geld zu kommen. Verfügen Sie noch über liquide Mittel, um einige Telefonate zu erledigen oder E-Mails zu schreiben, können Sie in Ruhe organisieren, wie und wo Sie eine verlorene Kreditkarte oder verlorene

Traveller Cheques wieder zurückerhalten. Die lieben Angehörigen lösen vielleicht auch einen Geldtransfer aus.

Geld ans andere Ende der Welt zu schicken, ohne ein Konto bei einer Bank zu benötigen, ist über internationale Geldtransferfirmen möglich. In der Schweiz verbreitet ist die Western Union Money Transfer. An rund 180 Bahnhöfen und an über 400 Poststellen in der Schweiz kann via Western Union Bargeld in über 190 Länder und Gebiete geschickt werden. Direkter Ansprechpartner sind die SBB oder die Post. Ebenfalls Auskünfte erteilt die kostenlose Western-Union-Hotline 0800 007 107. Generelle Informationen sind auf der Website *www.westernunion.com* zu finden. Ein weiterer globaler Geldtransferanbieter ist Moneygram. Infos finden sich unter *www.moneygram.com*.

Haben Sie keinen Rappen mehr auf sich, ist die Sache als Notfall zu betrachten. Ist ein unmittelbarer Geldtransfer keine Option, muss ein Reisender erst mal zu etwas Kleingeld kommen, um überhaupt aktionsfähig zu sein. Eine Möglichkeit ist, bei jemandem Geld auszuleihen oder gegen ein Pfand entgegenzunehmen. Geht gar nichts mehr, sollten Sie mit der konsularischen Vertretung der Schweiz im Land in Kontakt treten.

Die Schweizer Vertretungen im Ausland können Schweizerinnen und Schweizer, die im Ausland in eine Notlage geraten sind, bei der Geldbeschaffung beraten und allenfalls eine rückzahlbare finanzielle Überbrückungshilfe gewähren. Laut dem Eidgenössischen Departement für auswärtige Angelegenheiten (EDA) beginnt dieser konsularische Schutz allerdings erst dort, wo der oder die Betroffene «alle Möglichkeiten zur Selbsthilfe ausgeschöpft hat und keine Aussicht mehr besteht, die aufgetretenen Schwierigkeiten mit eigenen Mitteln oder mit der Unterstützung von dritter Seite (Angehörige, Reiseleitung) zu überwinden».

Handel und Geld – andere Länder, andere Sitten

Was Handel und Preise angeht, so leben Europäer im Glauben, angeschriebene Preise seien verbindlich. Sind sie aber nicht. Deshalb stehen viele völlig perplex auf dem Bazar und wissen nicht, was zu tun ist, wenn ein Händler einen unverschämt hohen Preis nennt. Genauso perplex übrigens wie die Inder, die in den Schweizer Souvenirshops rote Köpfe kriegen, wenn der Shopbesitzer partout nicht über Preise verhandeln will: Feilschen heisst das Zauberwort. Für Europäer ist dies meist einfacher gesagt als getan. Hat man sich gewisse Taktiken aber einmal angeeignet, kann es durchaus zur interkulturellen Erfahrung werden!

Reisende sollten am besten bei Einheimischen in Erfahrung bringen, welches die Gepflogenheiten in Geschäften oder auf dem Markt sind. Schauen Sie sich vor dem ersten Kauf etwas um und setzen Sie die Preise zueinander in Relation. Es gibt immer wieder Reisende, die das erste oder zweite Angebot eines Händlers akzeptieren. Dies schürt einerseits das Bild des doofen, reichen Touristen und bringt andererseits den Händler selbst in Verlegenheit. Feilschen Sie jedoch auch nicht bis aufs Blut. Was nützt es, den

Preis des Bananenverkäufers, dessen einzige Existenzgrundlage der Verkauf von Bananen ist, um weitere zwei Cents zu drücken? Kurz: Feilschen Sie, aber feilschen Sie mit Verstand und Herz.

In vielen Ländern sind fixe Preise unbekannt. Dort wird kein Weg ums Feilschen herum führen. Reisen Sie also in Länder ohne Preisschilder, lernen Sie feilschen! Erstens werden Sie als Handelspartner ernster genommen, zweitens sparen Sie Geld und drittens ist es ein recht unterhaltsames Spiel!

Neben dem aufrichtigen Feilschen treffen Traveller auf alle möglichen und unmöglichen Strategien und Tricks, mit denen ihnen Geld abgeknöpft werden soll. Die Varianten sind unzählig, teilweise sehr plump, manchmal aber hochgradig raffiniert.

Korruption – «Wie, bitte, krieg ich ein Visum?»

Wie bereits erwähnt, ist die Korruption ein Thema, dem viele Reisende begegnen. Definiert wird Korruption (vom Lateinischen corrumpere: verderben, entkräften, entstellen, bestechen) als Missbrauch einer Vertrauens- oder Autoritätsstellung, um einen ungerechtfertigten Vorteil zu erlangen. In Realität sieht es im Bereich des Reisens meist so aus, dass jemand in Uniform von einem Reisenden Geld für eine an sich selbstverständliche Dienstleistung will.

Das Spektrum der Vorfälle und die erfinderische Gabe vieler Beamten ist grenzenlos: Während einer für einen Grenzübertritt einfach ein «kleines Geschenk» verlangt, «verliert» ein anderer während der Kontrolle unerklärlicherweise den Pass des Travellers (50 Dollar später wird er wieder auftauchen). Andere verlangen von Passagieren eine Zusatzgebühr, weil ein Ticket scheinbar nicht rückbestätigt wurde, oder können ein Visum erst nach mehreren Geldnoten ausstellen. Es gibt selbst Beispiele von Travellern, denen mit einer Verhaftung gedroht wurde – sofern sie nicht eine beträchtliche Summe aufbrachten – weil sie beim Lenken eines Fahrzeugs Flip-Flops trugen.

Wie aber soll ein Traveller sich verhalten, wenn er oder sie unredlich zur Kasse gebeten wird? Die Meinungen unter Reisenden mit Korruptionserfahrungen gehen weit auseinander. Während die einen eine «Go with the flow»-Einstellung haben und sich der Sache bereitwillig fügen, verwerfen andere brüskiert die Hände. Tatsache ist allerdings, dass vielen Travellern nichts anderes übrig bleibt, als die Geldnoten spielen zu lassen. Bei kleineren Beträgen mögen sich manche auch gar nicht auf eine Diskussion einlassen. Wer sich bereit zeigt zu bezahlen, sollte jedoch keinesfalls ver-

---

Die höchste Wahrscheinlichkeit, als Reisende mit Korruption in Berührung zu kommen, besteht in folgenden Situationen: erstens bei allen Kontakten mit Behörden und Beamten, zweitens beim Lenken eines Fahrzeugs und drittens – selbst verschuldet – wenn man es als Reisender mit dem Gesetz nicht ganz genau nimmt. Ein grosser «Schutz» vor Korruption besteht bereits darin, sich nicht oder nur möglichst selten in diese Situationen zu begeben.

Richtig Feilschen will gelernt sein. Im Folgenden eine illustrative Anleitung über einen gelungenen Handel in vier Akten:

1. Akt: Wenn Sie etwas entdeckt haben, das Ihnen gefällt, schauen Sie es beiläufig an oder nehmen es desinteressiert in die Hand. Stellen Sie es wieder zurück und fragen Sie dann, wie viel es kostet. (Verkäufer wird horrenden Preis nennen.) Schütteln Sie erstaunt und schockiert den Kopf. Verlassen Sie daraufhin das Geschäft, um in Ruhe zu überlegen, ob Sie das Objekt wirklich haben wollen. Falls ja, geht der Kampf in die zweite Runde…

2. Akt: Schlendern Sie zum besagten Gegenstand zurück und nennen Sie einen ersten Preis. Der Trick besteht darin, niemals den Preis zu nennen, den Sie wirklich zu zahlen bereit sind! (Liegt der Preis des Verkäufers bei 50 Dollar und Ihr «Endpreis» bei 25 Dollar, so werfen Sie zu Handelsbeginn erst einmal maximal 10 Dollar in die Runde.) So lassen Sie sich genügend «Handelsschritte» nach oben hin offen. Achten Sie dabei darauf, pro Handelsschritt nicht zu viel Pulver zu verschiessen und steigern Sie Ihre Gebote nur langsam auf 12, dann 14 und nach langem Ringen vielleicht auf 15 Dollar. Stellen Sie dann das begehrte Objekt wieder zurück mit der Begründung, Sie seien sich des Kaufs nicht sicher. Schlendern Sie erneut vom Stand weg.

3. Akt: Kommen Sie gelangweilt zurück (nach einer halben Stunde oder auch erst am nächsten Tag). Feilschen Sie nun ebenso hartnäckig weiter wie zuvor. Bleiben Sie immer freundlich – nur übertriebene Gesten sind erlaubt! Gelangen Sie schliesslich in die Nähe des Endpreises – sagen wir zu 22 Dollar – sollte Ihre Taktik ändern. Willigen Sie beispielsweise ein, 25 Dollar zu bezahlen, unter der Voraussetzung, dass Sie z. B. noch den Armreif gratis zur Kette erhalten. (Dann können Sie immer noch überlegen, ob Sie beide Gegenstände für vielleicht 30 Dollar erstehen wollen, oder vielleicht doch den Armreif wieder weglegen und die angepeilten 25 Dollar für Ersteres bezahlen möchten.)

4. Akt: Läuten Sie die Endrunde mit den Worten «Mein letzter Preis» ein (natürlich noch etwas unter Ihrem wirklich letzten Preis). Dann wirds Schlag auf Schlag gehen: Der Verkäufer sagt 35 Dollar, Sie sagen 26 Dollar, er sagt 33 Dollar, sie 27… klauben Sie dann 30 Dollar – exakt abgezählt! – aus der Tasche. Legen Sie das Geld hin, schauen Sie den Verkäufer dabei bestätigend, zufrieden und mit etwas Schalk in den Augen an. (Beteuern Sie allenfalls, gar nicht mehr Geld auf sich zu tragen…) Und Handschlag! Kette und Armreif gehören für 30 Dollar Ihnen. Zufriedenheit auf beiden Seiten! Gratulation zum perfekten Handel!

Der Russe Vladimir

Der Russe Vladimir ist ein ganzer Kerl, und wenn es um Geld geht, so verhandelt er hart. Das Einzige, was wir von ihm möchten, ist ein Transport in die Berge und ein Guide für einen Treck. Das Einzige, was er von uns will, ist möglichst viel Geld.

Beiden Parteien scheint es mit ihren Standpunkten ernst zu sein. Wir stehen in seinem Büro und ziehen alle Register, verhandeln, feilschen, gehen Kompromisse ein, geben klar zu verstehen, wie viel wir zu bezahlen bereit sind. Vladimir tut dasselbe. Wenn wir mit einem Preis einverstanden sind, unter der Bedingung, dafür noch zwei weitere Kollegen mitzunehmen, gibt er sich zufrieden und doppelt dann nach, zwei Kunden mehr bräuchten aber gesetzeshalber einen zusätzlichen Bergführer.

Beide Seiten bleiben hart, das Hin und Her kostet Geduld und Energie. Kurz bevor wir die Nerven verlieren und die Aktion abbrechen, scheint auch dem harten Kerl Vladimir bald die Luft auszugehen. Wir einigen uns nach zwei Stunden auf einen Preis und nicken alle zufrieden. Morgen würden wir mit dem Geld vorbeikommen, übermorgen würden wir mit einem Bus und zwei Führern losfahren.

Am nächsten Tag tauchen wir guter Dinge wieder in seinem Büro auf. Als wir das Geld hervorkramen, nennt Vladimir eine unglaubliche Summe, die wir zu bezahlen hätten. (Sie ist mindestens fünfmal so hoch wie der am Vortag verabredete Preis!)

Entsetzt schauen wir ihn an und meinen, gestern hätten wir aber was anderes abgemacht. Gelassen zuckt Vladimir mit den Schultern und meint: «Ja, das waren die Preise von gestern. Aber heute ist ein anderer Tag!»

gessen zu verhandeln! Korruptionspreise sind schliesslich nicht per Preisschild festgelegt. Verhalten Sie sich dementsprechend! Und – stellen Sie Ihr Gegenüber nicht als korrumpierendes Wesen bloss. Aussagen wie «Nehmen Sie das Geld, Sie korruptes Schwein» sind Ihrer Sache bestimmt nicht förderlich. Wenn Sie schon auf den Kuhhandel einsteigen, lassen Sie Ihren Charme spielen und bedanken Sie sich höflich für die «sehr zuvorkommende Flexibilität».

Entscheidet sich ein Traveller, hart zu bleiben und keinen roten Heller springen zu lassen, sind zwei Strategien Erfolg versprechend: Bleiben Sie immer höflich und ruhig. Es gibt wahrscheinlich keinen Fall, in dem ein Beamter ein Visum auf einmal ohne Zögern ausgestellt hat, weil ein Ausländer einen Tanz aufgeführt und in seinem Büro herumgebrüllt hat. Vermitteln Sie ausserdem den Eindruck, endlos Zeit zu haben. Je schneller Sie etwas erledigt haben wollen, umso mehr hat Sie der andere in der Hand. Nehmen Sie stattdessen ein dickes Buch wie Tolstois «Krieg und Frieden», machen Sie es sich bequem und warten Sie geduldig. Im Endeffekt wird es darum gehen, wer den längeren Atem hat, Sie oder der Beamte.

Neben der Variante Geduld existiert die Variante «sich dumm stellen». Dies müssen Sie allerdings von Anfang an konsequent durchziehen. Antworten Sie auf nichts, verstehen Sie nichts, zucken Sie bloss mit den Schultern. Können Sie gekonnt über Stunden verständnislos in die Welt schauen, haben Sie damit recht gute Karten in der Hand!

Gemäss einer Studie der Organisation Transparency International war Korruption im Jahr 2005 in 70 von 159 getesteten Ländern ein schwerwiegendes Problem.

Dabei gehörten der *Tschad, Bangladesch, Turkmenistan, Myanmar* und *Haiti* zu den Ländern, in denen Korruption am stärksten wahrgenommen wurde, während *Island, Finnland, Neuseeland, Dänemark* und *Singapur* die korruptionsfreiesten Nationen sind. Am meisten verschlechtert hat sich die Situation im Verlauf des Jahres 2005 in *Costa Rica, Nepal, Russland,* den *Seychellen* und *Sri Lanka*. Eine nennenswerte Verbesserung wiesen andererseits *Estland, Frankreich, Hongkong, Japan, Taiwan* und die *Türkei* auf.

Aktuelle Daten sind unter *www.transparency.org* jederzeit abrufbar. Die Organisation erarbeitet jährlich den so genannten *Corruption Perception Index (CPI)*.

Es darf nicht vergessen werden, weshalb Korruption in gewissen Teilen der Welt existiert. Gerade Beamte verdienen in manchen Ländern so wenig, dass sie ohne zusätzliches «Einkommen» nicht überleben könnten.

Ethik – die Welt ist ungleich

Die Welt ist ungleich. Es existiert nicht eine Welt. Wir leben auf einem Planeten, der sich teilt in Industrienationen, Schwellenländer, Entwicklungsländer und die so genannten «neuen Armen» – die ärmsten Länder, die sich abgekoppelt von der Weltwirtschaft rückläufig entwickeln. Neben Erfolgsgeschichten existieren erschütternde Fakten: Die Weltbank beispielsweise schätzte in ihrem Weltentwicklungsbericht 2001 die Zahl

«Wir sind ausgebucht.»

Eine Gruppe Reisender wollte in den Siebzigerjahren in ein vom Staat geführtes Hotel in Indien einchecken. Obwohl sie weit und breit die einzigen Gäste schienen, behauptete der Rezeptionist, das Hotel sei ausgebucht. Im selben Atemzug deutete er allerdings auf die Möglichkeit hin, gegen eine bestimmte Bezahlung «freie Zimmer zu organisieren».

Gleichzeitig stellte ein Mitglied der Reisegruppe fest, dass im selben Gebäude des Hotels auch das «State Ministry of Tourism» untergebracht war. Aufgebracht marschierte der Reisende kurzerhand ins Büro des Tourismusbeamten und beklagte sich, dieses Hotel würde Bestechungsgelder für freie Zimmer verlangen.

Der Minister schaute den Traveller daraufhin verblüfft an und meinte: «Ja, warum bezahlen Sie denn nicht?»

Red Cross

Ich döse in der staubigen Hitze des Busterminals vor mich hin. Seit drei Stunden sollte mein Bus fahren und seit drei Stunden geht gar nichts. Auf einmal steht ein kleiner Mann in Uniform vor mir, tippt mich an und sagt: «Passport». Verschlafen und von der Hitze benommen, klaube ich meinen Pass aus dem Geldgürtel und überreiche ihn dem Uniformierten.

In diesem Moment durchfährt mich ein Ruck und ich bin schlagartig wach: «Was genau hab ich jetzt gerade getan?!», frage ich mich – nun sehr klar im Kopf. Die Antwort an mich selber kann nur lauten: «Du hast soeben einem wildfremden Typen, der irgendeine Uniform trägt, deinen Pass gegeben!». Zähneknirschend stell ich mir die nächste vorwurfsvolle Frage: «Wie, so hiess es im Reiseführer, würde man hier rasch sein Geld los?!» Angespannt muss ich mir wiederum antworten: «Indem gefälschte Polizisten einem den Pass abnehmen und diesen erst gegen die Bezahlung horrender Summen wieder aushändigen.»

Und, so erinnere ich mich, der neuralgischste Ort für dieses Polizist-Pass-Spiel sei der Busbahnhof, hiess es. «Perfekt!», denke ich. Ich hab soeben auf dem Busbahnhof einem kuriosen «Polizisten» mir nichts dir nichts meinen Schweizer Pass in die Hand gedrückt. Ich muss mir wirklich selbst zu diesem Geniestreich gratulieren!

Nachdem ich nicht mehr mit Selbstvorwürfen beschäftigt bin, fixiere ich den Mann. Mein roter Pass mit weissem Kreuz vorne drauf prangt in seinen Händen. Interessiert und mit vorgetäuschter Kompetenz blättert er darin herum. Ich bleibe angespannt. Dann endlich schaut er auf und fragt: «Red cross?» Nun, das Kreuz vorne drauf ist weiss, denk ich, nicke aber lächelnd, obwohl ich nicht schlau werde aus der Frage.

Er blättert weiter, entziffert meinen Namen mühsam und sagt schliesslich langsam, aber sichtlich stolz: «KEROLAIN.» Ich nicke wieder und bringe ein etwas angestrengtes Lächeln auf mein Gesicht. Er überlegt eine Weile, versucht offenbar den Namen irgendwo einzuordnen. «You British?», fragt er schliesslich. In dem Moment verstehe ich, was gerade abläuft, und nicke mit grosser Überzeugung. Er lächelt und gibt mir – fast entschuldigend – den Pass wieder zurück.

So hatte er mir vorgetäuscht, ein Polizist mit Befugnis für Kontrollen zu sein. Ich andererseits hatte mir seine eigene Verwirrung mit den weissen und roten Kreuzen zu Nutze gemacht – und ihm vorgetäuscht, eine britische IKRK-Mitarbeiterin zu sein. Und die, so mochte er gedacht haben, lässt man wohl besser in Ruhe!

der Menschen, die von weniger als einem US-Dollar pro Tag leben, auf weltweit 1,2 Milliarden.

In vielen Ländern werden Reisende mit dem Thema Armut konfrontiert. Die Auseinandersetzung damit ist nicht immer einfach. Wer feststellt, dass die eigenen Wanderschuhe gleich viel gekostet haben wie das Jahressalär eines Arztes in Nepal, kommt ins Grübeln. Wer mit einem nagelneuen Wasserfilter durch ein Land reist, in dem viele Kleinkinder wegen schmutzigem Trinkwasser sterben, kann davor die Augen nicht verschliessen. Solche Konfrontationen sind oft unumgänglich, und auf viele Fragen hat die Welt keine Antwort bereit. Andererseits sind gerade in armen Ländern verzerrte Bilder über ein vermeintlich «paradiesisches Leben in Europa und den USA» verbreitet. Dies kann wiederum für die Traveller anstrengend sein, da sie pauschal als «reich» beurteilt werden. Aus TV und Werbung entstandene Vorstellungen darüber, wie «wir im Westen» leben, lassen leider ein recht absurdes Bild entstehen. Und leider fehlen den Reisenden in vielen Fällen die Sprachkenntnisse, um genau diese Bilder in tiefer greifenden Diskussionen zu entkräften. So bleibt es mit einem Phrasebook und einem Wörterbuch in der Hand praktisch unmöglich, die westliche Leistungsgesellschaft differenziert zu thematisieren.

Reisen in armen Ländern gleicht manchmal einem moralischen Spiessrutenlauf, dies ist nicht abzustreiten. Wie aber können wir reisen, ohne weitere Vorurteile zu schüren? Was das Geld angeht, existieren einige einfache Regeln. (Details siehe Textbox). Oberstes Ziel dabei ist die Förderung des nachhaltigen, gesunden Tourismus in einem Land.

«Nachhaltig Reisen»

Werfen Sie in armen Ländern nicht mit Geld um sich. Halten Sie ausserdem immer Kleingeld bereit, um nicht in der Brieftasche in dicken Notenbündeln herumzukramen. Ebensowenig angebracht sind das offene Präsentieren der allerneusten Gadgets wie iPods, Digitalkameras oder schicke Handys. Gleiches gilt für wertvollen (oder scheinbar wertvollen) Schmuck und Uhren. Einerseits werden Reisende so weniger zur Zielscheibe von Dieben, andererseits geben sie der lokalen Bevölkerung nicht das Gefühl, sie hätten ohnehin alles, was sie sich je wünschen könnten.

Ebensowenig sollten Traveller über die Massen Geschenke verteilen. Geben Sie bettelnden Kindern kein Geld (es wandert ohnehin in die Tasche der Eltern). Vereinzelte kleine Geschenke an Kinder, zu denen Sie einen Bezug haben, sind sicher nicht schädlich. Es bringt allerdings Kinder und Eltern in eine unangenehme Situation und stellt Sie als Reisende in ein fragwürdiges Licht, wenn Sie grossspurig und scheinbar wohltätig Säcke voller Kugelschreiber und Süssigkeiten verteilen.

Achten Sie darauf, das während der Reise ausgegebene Geld der lokalen Bevölkerung zukommen zu lassen. Kaufen Sie auf dem Markt ein, nicht im internationalen Warenhaus, schlafen Sie in einem Guesthouse, nicht im Business Hotel oder konsumieren Sie lokalen Tee mit Gebäck anstatt Cola mit Snickers. Auf diese Art kommen Ihre Devisen auf sinnvolle Weise in einen Familien- oder Kleinbetrieb und nicht in einen multinationalen Konzern.

Manche Leute sehen aufgrund dieser moralischen Bedrängnis ganz von Reisen in Drittweltländer ab. Betrachtet man dieses Dilemma wiederum aus der Perspektive des nachhaltigen Tourismus, muss gesagt werden: Wer nur in ein armes Land reist, weil es so angenehm kostengünstig ist, und in jeder Ecke der Welt Mehrsterne-Komfort erwartet, tut sicher besser daran, nicht in arme Länder zu reisen. Wer sich andererseits der möglichen Konsequenzen seiner Anwesenheit bewusst ist und mit dem Ziel in ein Land reist, möglichst wenig Spuren zu hinterlassen, kann einer Region durch seine Devisen Vorteile bringen und einen sanften Tourismus fördern.

Fragen ohne Antworten

In armen Ländern ausserhalb Europas begegnen Traveller Fragen, auf die sich keine Antworten finden. Nicht, weil die Fragen zu schwierig sind, sondern weil sie sprachlos machen. Wenn ein Nepali zu einem Schweizer sagt: «Es ist so, dass du aus einem der reichsten und ich aus einem der ärmsten Länder komme», gibt es nichts zu entgegnen. Wenn eine Bäuerin in einem Schwellenland ausrechnet, wie viele Jahre sie für einen Flug nach Europa arbeiten muss, gibt es für einen Westeuropäer keine angemessene Reaktion. Wenn ein Grossvater westliche Reisende, die weder Ärzte noch Krankenpfleger sind, um Medikamente für sein sterbendes Enkelkind anfleht – so macht dies sprachlos.

Reisen ist nicht immer einfach. Die Welt ist nicht immer so, wie wir sie uns wünschen. Begegnen wir keinen unangenehmen Situationen, so reisen wir mit grosser Wahrscheinlichkeit in einer Scheinwelt.

Wie soll man mit Fragen umgehen, auf die es keine Antworten gibt? Jede und jeder muss sich dies für sich selbst überlegen. Doch vielleicht liegt die Antwort gerade darin, zu begreifen, dass es nicht auf jede Frage eine Antwort gibt – vielleicht ist es das, was wir im Westen verlernt haben.

Ethik und Ungleichheit

Auf meiner allerersten Reise in ein Drittweltland, Nepal, sagte ein Spanier am Abend in der gemütlichen Lodge in den Wäldern der Himalaja-Ausläufer zu mir: «Weisst du, es gibt genau ein grosses Problem in der abendländischen Gesellschaft: Es gibt einen grossen Mangel an Bescheidenheit!»

Ich weiss nicht, wie oft ich in den Jahren seither an diese simple Aussage zurückgedacht habe und wie viele weitere Gedankengänge sie ausgelöst hat. Sie beeindruckte mich auf alle Fälle mehr als manches wissenschaftliche Buch über die Ungleichheit der Weltgesellschaft, das ich im Verlauf meines Studiums zu lesen hatte. Manchmal braucht es keine Studien und Statistiken, um zu zeigen, woran eine Gesellschaft krankt.

fazit

Gott Mammon – stinkt er nun, oder stinkt er nicht?

Genug Geld ist sehr angenehm. Das ist beim Reisen nicht anders als im Alltag. Nicht jeden Rappen umdrehen zu müssen, sich zwischendurch ein Hotelzimmer mit Dusche und warmem Wasser zu leisten oder auf dem Markt einen guten Handel abzuschliessen, ist nicht zu verachten. Selbst Traveller, die alles andere als Mammon verfallen sind, werden zugeben, dass Reisen ohne Geldsorgen entspannteres Reisen ist.

Mit wie wenig Mitteln sich die grössten, verrücktesten, unvergesslichsten Dinge erleben lassen! Gerade das Reisen auf eigene Faust führt uns dies immer wieder vor Augen: Um die Welt zu entdecken, braucht es sehr viel weniger finanzielle Mittel als gemeinhin angenommen. Hinzu kommt: Wer individuell und ohne touristisches Brimborium reist, erlebt mehr und unterstützt ein Land durch Ausgaben von Devisen an der Basis.

Nicht zuletzt ist es für die meisten von uns, die wir in unserer Gesellschaft täglich von Werbung zu Konsum gedrillt werden, schon fast ergreifend schön, auf einer Reise all dem zu entfliehen. Zu sehen, dass es auch ohne geht. Nicht ständig eingeflüstert zu bekommen, welche Creme uns faltenfreier, welches Buch uns interessanter und welche Unterwäsche uns unwiderstehlicher machen wird – sondern den Blick über die Weiten und die Gedanken schweifen zu lassen, Werte zu erleben, die unsere Gesellschaft längst unter der Gier nach dem schnellen Erfolg begraben hat, Reichtum zu sehen, der nichts mit Geld zu tun hat.

Welch unbezahlbares Erlebnis! Geld allein macht eben nicht glücklich.

check

Geld – vor der Reise

- Welche Geldform eignet sich am besten? (Kreditkarte, Bargeld, Traveller Cheques)
- Können Traveller Cheques im Reiseland gewechselt werden?
- Kreditkartenlimite prüfen
- Welche Währung kann im Reiseland gewechselt werden?
- Kann bereits in der Schweiz Geld gewechselt werden oder erst nach Ankunft im Land?
- Besteht die Möglichkeit eines «Money Transfers» aus der Schweiz ins Reiseland (für Notfälle)?
- Notreserve clever verstecken (z. B. im Schuh oder in der Kleidung eingenäht)

Geld – während der Reise

- Grössere Beträge aufgeteilt einpacken
- Einen Teil immer in einen Geldgürtel, der unter der Kleidung getragen wird
- Geld nur in Innentaschen von geschlossenen Taschen transportieren (nicht in Aussenfächern)
- Commonsense und wache Sinne nicht vergessen!

Handel und Geld

- Nicht vergessen zu feilschen, falls dies landesüblich ist!

Korruption

- Alle Arten von Beamten (so weit möglich …) meiden
- Das Lenken eines Motorfahrzeugs vermeiden
- Gesetze und Regeln des Landes minuziös beachten
- In jedem Fall freundlich und geduldig bleiben
- Strategie 1: vortäuschen, ewig Zeit zu haben
- Strategie 2: sich konsequent dumm stellen
- Wenn alles nichts nützt: über Preis verhandeln

Ethik

- Nicht mit Geld um sich werfen
- Kleingeld anstatt dicke Notenbündel bereithalten
- Schmuck, teure Uhren sowie teure Gadgets (MP3-Player, Digicams, Handys) nicht unnötig präsentieren
- Nicht den betuchten Wohltäter spielen
- Einheimische Kinder nicht mit Geschenken überhäufen
- Während der Reise lokale Unternehmen unterstützen (Guesthouses, Restaurants, lokale Märkte)

8 essen & trinken

Das Salz in der Suppe

Ein Curry in Delhi, ein Couscous in Marrakesch, ein Glühwein in Kopenhagen – was wäre Reisen ohne Geschmackserlebnisse? Das Eintauchen in fremde Düfte und Gerüche lässt ferne Kulturen und Länder näher rücken. Unbekannte Welten werden zum sinnlichen Genuss und Reiseerlebnisse doppelt lebhaft.

Die kulinarischen Erfahrungen während einer Reise werden jedoch nicht immer nur positiv ausfallen. Exotisches kann als äusserst schmackhaft empfunden werden, doch manche Geschmackserlebnisse sind für unseren Gaumen eine reine Tortur. Sei es fermentiertes Fleisch im Fernen Osten, vergorene Stutenmilch in Kirgisien oder Buttertee in Tibet – zu manchen Dingen finden unsere westlichen Geschmacksnerven einfach keinen Zugang.

Solange ein Traveller selbst entscheiden kann, was er essen und trinken will, ist diese Tatsache unproblematisch. Manchmal ist es allerdings nahezu unmöglich, einen angebotenen «Leckerbissen» abzulehnen. Besonders bei Einladungen in einem einheimischen Haus gerät man als Gast in Bedrängnis, unliebsame Dinge zu konsumieren. Es lohnt sich daher, einige gute Ausreden im Repertoire zu haben, um eine konstruktive Lösung zu finden.

In Ländern, an deren Hygienestandard unsere Körper nicht gewohnt sind, ist Essen und Trinken überdies mit gesundheitlichen Risiken verbunden. Wird es dem Gaumen und dem Magen zu bunt, können neben verstörten Geschmacksnerven Magenprobleme auftreten. Über Nahrungsmittel können Krankheitserreger aufgenommen werden. Die Folgen davon reichen von leichtem Reisedurchfall über eine unangenehme Lebensmittelvergiftung bis hin zu einer ernsthaften und teilweise langwierigen Erkrankung. In manchen Reiseländern ist die Beachtung grundlegender Nahrungsregeln also unbedingt empfehlenswert.

Solange ein Traveller jedoch – im Namen der Gesundheit – diese Nahrungs- und Essensregeln beachtet, spricht nichts gegen kulinarische Abenteuer.

Im Gegenteil: Einen Bissen Afrika, einen Schluck Asien oder der Duft Südamerikas machen es erst aus – sie sind das Salz in der Suppe jeder Reise!

Was es zu beachten gilt

Die Wahl des richtigen Restaurants – oder: Wer wagt, gewinnt

Das Essen unterwegs kann häufig nicht selber zubereitet werden. So sind die Geschmackserlebnisse auf Reisen in hohem Masse an die jeweiligen Restaurants oder Imbisslokale gebunden: Die Wahl des richtigen Lokals ist wichtig. Schliesslich sollen Preis und Leistung stimmen und vorzugsweise keine anderen Traveller oder Touristen anwesend sein (was eindeutig gegen die Authentizität des Lokals sprechen würde ...).

Der Mensch ist ein Gewohnheitstier. Dies gilt auch für einen Grossteil der Traveller. In einer fremden Umgebung zieht es einen instinktiv in jene Speiselokale, die vertraut wirken – sei es aufgrund der englischen Speisekarte oder des kulinarischen Angebots. Haben wir die Wahl zwischen einem hübsch eingerichteten Restaurant und einem mit Neonröhren beleuchteten Lokal im Hinterhof, entscheiden wir uns mit grosser Wahrscheinlichkeit für Ersteres. In neun von zehn Fällen ist das Essen dort jedoch halb so authentisch und doppelt so teuer, ganz zu schweigen vom «Erlebniswert» der Mahlzeit. Es lohnt sich daher in den allermeisten Fällen, sich einen Ruck zu geben und hin und wieder ein Restaurant oder eine Bar zu besuchen, die weder an bester (touristischer) Lage, noch im Reiseführer zu finden ist.

Ein sicherer Wert auf der Suche nach einem guten Restaurant sind Tipps von Einheimischen. Sie werden auf diese Weise eher den «Geheimtipp» finden, als wenn Sie denselben Reiseführer konsultieren, den alle anderen Traveller ebenfalls zur Hand haben. Betonen Sie bei der Nachfrage, dass Sie nicht ein «westliches Restaurant für westliche Leute» suchen. Gerade in ärmeren Ländern haben Einheimische oft Hemmungen, ein einfaches Lokal zu empfehlen, da sie sich nicht vorstellen können, weshalb ein Ausländer dorthin gehen sollte.

Neben Tipps von Einheimischen ist die Anzahl einheimischer Gäste in einem Restaurant ein verlässlicher Indikator für dessen Qualität. Ist ein Lokal leer, hat dies wahrscheinlich seinen Grund. Ist ein Lokal voller Touristen, steht es möglicherweise im Reiseführer an prominenter Stelle. Wird ein Lokal aber in erster Linie von Locals besucht, handelt es sich mit grosser Wahrscheinlichkeit um eine gute Wahl.

Beachten Sie, dass der Zeitpunkt der Einnahme von Mahlzeiten und deren Üppigkeit je nach Gesellschaft beträchtlich variieren. Passen Sie sich dem Essensrhythmus der Lokalbevölkerung an – dies wird die Suche nach einem Restaurant und einer guten Mahlzeit wesentlich vereinfachen.

Sprachprobleme: «Ich Hunger»

Das Sprachproblem ist einer der ursächlichsten Gründe, weshalb es viel einfacher ist, ein auf Touristen oder Ausländer zugeschnittenes Lokal zu besuchen. Eine Menukarte, die in einer fremden Sprache oder – schlimmer noch – in einer unbekannten Schrift verfasst ist, macht bereits die Auswahl eines Gerichts zu einem unberechenbaren Abenteuer. Vielerorts existieren ausserdem überhaupt keine Speisekarten, was die Sache auch nicht einfacher macht. Trotzdem wäre es bedauerlich, das reichhaltige kulinarische Angebot eines Landes mangels sprachlicher Kenntnisse zu missen.

Um Sprachbarrieren bei der Bestellung in einem Restaurant zu überwinden, bieten sich einem Traveller mehrere Möglichkeiten: Am einfachsten ist es, anderen Gästen über die Schulter zu schauen und dasselbe zu bestellen. Etwas aufwändiger ist es, Angestellte des Lokals oder andere Gäste als Dolmetscher einzusetzen; fehlen Übersetzer, wird auch ein Phrasebook, das ein Kapitel zum Thema Essen und Trinken beinhaltet, oder ein Bilderwörterbuch (siehe Kapitel Sprache S. 82), gute Dienste leisten. Wer besonders experimentierfreudig ist, dem bleibt natürlich immer noch die Möglichkeit einer «blinden» Bestellung – ein ebenfalls nicht zu verachtendes Abenteuer!

Sind Verständigungsprobleme in einem Reiseland absehbar, so hilft es, sich zu Beginn der Reise die Bezeichnungen der geläufigsten Speisen anzueignen. Dies wird die ersten Restaurantbesuche etwas entspannter ausfallen lassen.

Fleisch oder nicht Fleisch: Vegetarier auf Reisen

Wer sich ausserdem vegetarisch oder vegan ernährt, wird mancherorts einige Aufgaben zu meistern haben. Reisende, die sich vegetarisch oder vegan ernähren, werden in einigen Ländern auf Probleme, teils auch auf Unverständnis stossen. Unter Reisenden kursiert der zynische Spruch, dass ein Vegetarier in der Mongolei genau drei Wochen überlebt – die Zeit also, die ein Mensch ohne Nahrung aushalten kann. Tatsächlich ist die Essensfrage für Vegetarier in manchen Ländern sehr schwierig, für Veganer gar ein Alptraum.

Während es in den meisten westlichen Industrienationen und in buddhistischen Ländern problemlos ist, vegetarische Küche zu geniessen, bleibt es in manchen Gegenden ein Ding der Unmöglichkeit. Vielerorts ist Fleisch (und ganz besonders fettes Fleisch!) darüber hinaus etwas sehr Wertvolles und wird daher besonders zu speziellen Anlässen aufgetischt. Ein solch spezieller Anlass kann auch die Bewirtung eines ausländischen Gasts sein.

Das Thema vegetarisch Essen ist eine interkulturelle Gratwanderung, und nicht immer ist es einfach, taktvoll auf diesem Grat zu gehen. Die beste Lösung in Ländern mit karnivorer Tradition ist es, höflich – nicht fordernd oder besserwisserisch – zu fragen, ob ein Gericht ohne Fleisch oder Fisch zubereitet werden könnte. (Machen Sie im Notfall Ihren Glauben oder eine körperliche Unverträglichkeit dafür verantwortlich.) In vielen Fällen wird der Koch oder Gastgeber auf die Bitte eingehen. Lassen Sie als Gast einer fremden Kultur aber auch Feingefühl walten. Zeigen Sie sich etwas flexibler als zu Hause, wenn Fleisch auf den Tisch kommt, und betrachten Sie den Verzehr der Mahlzeit einfach als Akt kultureller Offenheit.

Für Traveller, die sich strikt vegetarisch oder vegan ernähren, ist das Reisen in buddhistischen Ländern sehr empfehlenswert. Bedingt durch den Glauben kennen diese Gesellschaften eine äusserst vielfältige und reichhaltige fleischlose Küche.

Was Supermärkte und Museen gemeinsam haben

Der Besuch eines lokalen Supermarkts oder Shops geht auf Reisen oft vergessen. Dabei sind solche Ausflüge – ganz zu schweigen von jenen zu lokalen Märkten – kulturell mindestens so berauschend wie ein Museumsbesuch. Denn selbst wenn man sich in einem ungewohnten Ladensortiment verloren fühlt, eröffnet der «Einkauf auf eigene Faust» Einblicke in Alltag und Kultur einer Gesellschaft. Bietet sich einem als Traveller die Möglichkeit, selber zu kochen, macht dies den Ladenbesuch noch interessanter; daneben schont der Einkauf auf dem Markt oder im Shop das Budget nicht unwesentlich. Grund genug also, den Besuch des lokalen Supermarkts auf die Liste der Sehenswürdigkeiten zu setzen.

Der Ausflug in den lokalen Supermarkt sollte genauso zum kulturellen Teil einer Reise gehören wie der Besuch eines Museums oder eines Tempels. Als Ort des alltäglichen Lebens ermöglicht er einem einen einmaligen Einblick in die Kultur eines Reiselandes. Ausserdem bietet der «Einkauf auf eigene Faust» eine gute Alternative zu den vielen Restaurantbesuchen unterwegs und schont überdies das Budget.

Zu Gast im Ausland: Strategien, damit der Schmaus nicht zum Graus wird

Eine Einladung zu jemandem nach Hause verspricht eigentlich immer ein unvergesslicher Anlass zu werden. Es ist sozusagen ein direktes Tor zur Kultur eines Landes, ein Fenster, das einen wunderbaren Blick auf eine Gesellschaft und die sie prägenden Themen ermöglicht. Eine Einladung ist also immer eine einmalige Gelegenheit, die man sich als Traveller nicht entgehen lassen sollte.

Nun prägt die Kultur einer Gesellschaft auch die Art und Weise eines Essens mit Gästen. Während wir in unserem Kulturkreis Gäste zwar gern auf dezente Weise beeindrucken, bleibt oberstes Credo des Gastgebers doch immer, rücksichtsvoll auf die Wünsche des Gasts einzugehen. Doch bloss weil es in unserer Kultur so ist, heisst dies noch lange nicht, dass dies auch andernorts so sein muss! So wird es im Ausland durchaus vorkommen, dass es während der gesamten Dauer des Rituals darum gehen wird, einen Gast zu beeindrucken – sei es mit der Anzahl Gerichte, der Menge des Essens, des Ausschanks von Alkohol oder der Präsentation der Familie. Nicht selten wird sich der Gastgeber gesellschaftlich dazu verpflichtet sehen, seinen Gästen nur das Beste aufzutischen, selbst wenn dies eine finanzielle Belastungsprobe bedeutet.

So existiert neben dem unbestritten hohen Erfahrungswert einer Einladung denn auch die Kehrseite der Medaille. Diese besteht einerseits darin, dass man sich als Gast unter Umständen gezwungen fühlt, Dinge zu essen, die für westliche Körper ein Gesundheitsrisiko darstellen. Andererseits kann es sein, dass man sich als Traveller aus einem «reichen» Land mit einem schlechten Gewissen konfrontiert sieht, wenn sich Gastgeber offensichtlich ökonomisch überstrapazieren. Beide Situationen verlangen einen höchst delikaten Umgang. Denn allzu rasch verstösst man als Ausländer gegen ungeschriebene Gesetze der Gastfreundschaft, beleidigt den Gastgeber und steht als undankbar und ignorant da. Wie aber soll sich ein Traveller in einer solchen Situation verhalten?

Die besten Strategien für den Gast, eine Speise oder ein Getränk ohne Gesichtsverlust abzulehnen:

- Beteuern Sie, wie gut es schmeckt, und stellen Sie gleichzeitig fest, dass Sie zu viel von den anderen Köstlichkeiten gegessen hätten.
- Falls möglich: Lassen Sie unliebsame Speisen und Getränke dezent verschwinden (so, dass der Gastgeber sie nicht wieder findet!).
- Erklären Sie, Sie hätten eine Allergie und dürften daher genau dies nicht essen.
- Erklären Sie, Sie würden Medikamente einnehmen, die gewisse Nahrungsmittel für Sie unverträglich machen.
- Erklären Sie, einige Tage zuvor etwas Schlechtes gegessen zu haben und nun unter einem empfindlichen Magen zu leiden.
- Oder seien Sie einfach ehrlich und erklären Sie freundlich, dass europäische Mägen diese Speise nicht gewohnt seien. (Machen Sie dabei nicht die Hygiene sondern die «langweilige» Küche in der Heimat dafür verantwortlich.)

Möglichkeiten, sich für eine Einladung erkenntlich zu zeigen, ohne den Gastgeber in Verlegenheit zu bringen:

- Zeigen Sie ehrliche Wertschätzung.
- Schenken Sie dem Gastgeber oder der Gastgeberfamilie etwas, dessen Marktwert nicht offensichtlich die Auslagen für das Essen übersteigt. (So, dass es immer noch als Geste und nicht als finanzielle Unterstützung betrachtet werden kann.)
- Lassen Sie ein Geschenk mit einer kleinen Notiz zurück, ohne den Gastgeber durch eine direkte Übergabe in Verlegenheit zu bringen.
- Bringen Sie etwas Kleines aus Ihrer Heimat mit, das im Reiseland nicht oder nur für teures Geld erhältlich ist (z. B. ein Taschenmesser).
- Bringen Sie etwas Nützliches für die Kinder mit (z. B. Schulhefte oder besondere Farbstifte).
- Erkundigen Sie sich nach der Postadresse der Gastgeber und senden Sie ihnen zu einem späteren Zeitpunkt ein Geschenk aus ihrer Heimat oder Fotos, die Sie während Ihrem Besuch gemacht haben.

Fühlt man sich gedrängt, etwas allzu Bedenkliches zu konsumieren, steht man immer vor dem Entscheid, das kleinere Übel abzuwägen. Standardempfehlungen gibt es keine. Wie hoch ist das Gesundheitsrisiko wirklich? Und wie akut ist die Gefahr, sich oder den Gastgeber zu entblössen? Je nach Situation und Reiseland werden unterschiedliche Strategien sinnvoll sein (siehe oben).

Haben Reisende das Gefühl, ein Gastgeber habe sich ihretwegen unverhältnismässig in Kosten gestürzt, wird ebenfalls grösstes Fingerspitzengefühl erforderlich sein, mit dieser Situation umzugehen. Ziel ist es, den Aufwand in dezenter Weise zurückzuerstatten. Die Möglichkeiten sind mannigfaltig, allerdings kann adäquates Verhalten je nach Kultur des Reiselandes unterschiedlich sein. Wenn es darum geht, ein «guter» Gast zu sein, hilft es manchmal, «unabhängigen» Rat bei anderen einheimischen Personen einzuholen (z. B. im Guesthouse).

Alkohol: Die Katze im Sack oder den Kater im Gepäck?

Auf Reisen gibt es wunderbare Gelegenheiten, um Feste zu feiern. Einerseits findet sich immer irgendein Grund anzustossen, und zweitens gibt es in manchem Land unverschämt guten Alkohol zu verhältnismässig tiefen Preisen. Allerdings hat das Trinken auf Reisen auch seine Tücken und sollte daher mit etwas Verstand angegangen werden.

Schon am heimischen Wohnort kann es eine Herausforderung sein, in berauschtem Zustand sicher nach Hause zu kommen. Ausserdem macht ein torkelnder Traveller gegenüber allfälligen Ganoven nicht gerade den Eindruck geistesgegenwärtiger Verteidigungsbereitschaft, und last but not least: Manche – vor allem privat gebrannte – Schnäpse sind äusserst heimtückisch und in manchen Fällen sogar schädlich für die Gesundheit.

Bedenken Sie ausserdem, dass nicht alle Kulturen gleich mit Alkohol umgehen. Während Europäer vielleicht ab und zu etwas mehr trinken, wird in manchen Gesellschaften Alkohol in Mengen konsumiert, dass einem Hören und Sehen vergehen. Dabei kann eine Situation relativ rasch aus dem Ruder geraten und unkontrollierbar werden. Als Traveller lohnt es sich manchmal, die Szene frühzeitig zu verlassen.

Achten Sie unterwegs darauf, wo, wann und mit wem Sie ein oder zwei Gläser über den Durst trinken. Überlegen Sie ausserdem, ob Sie den Rückweg in Ihre Unterkunft gut genug kennen, um auch nach einer rauschenden Nacht auf sicherem Weg dorthin zurückzufinden.

Wieder eine ganz andere Situation zeigt sich in muslimischen Ländern. Im Islam ist der Genuss von Alkohol verboten. Darüber hinaus betrachten fromme Moslems auch den Handel mit Alkoholika als unrein, selbst wenn das Gesetz eines Landes es erlaubt. Traveller sollten Alkohol in islamischen Ländern daher mit Rücksichtnahme auf die lokalen Gepflogenheiten konsumieren. (Ausnahmen dieser Regel bilden ex-sowjetische, islamische Staaten in Zentralasien, deren Bevölkerung sich teilweise in erschreckendem Ausmass an den russischen Vodka gewöhnt hat und ihn rege konsumiert!)

Essen und Trinken – auch ein Traveller ist, was er isst

Essen und Gesundheit sind eng miteinander verbunden. Achten Sie deshalb auch unterwegs auf eine gesunde Ernährung, gerade während strapaziöser Reisen. In manchen Ländern ist dies relativ einfach, besonders wenn das Angebot an frischen Früchten und Gemüse reichhaltig ist.

Grenzenlose Gastfreundschaft – Nichts haben und alles geben

Die Jurte der Nomaden war einfach und zweckmässig eingerichtet. Am hinteren Ende des runden Raumes türmten sich keine Stapel von bunten Decken, was auf eine sehr bescheidene materielle Situation schliessen liess. Der Mann hatte von der Arbeit gegerbte Hände, die Frau einen hochschwangeren Bauch und ihre fünf kleinen Kinder rote Pausbacken.

Sie liessen uns freundlicherweise direkt neben der Jurte campieren, was für uns bedeutete, unter dem Schutz ihrer Wachhunde zu stehen, die ihre Herden vor Wölfen und anderer Unbill beschützen.

Als wir am Morgen losziehen wollten, bestand die Familie auf einem kurzen Besuch in der Jurte. «Eine Tasse Tee», sagte die Frau bescheiden. Als wir sechs dann auf den Schaffellen in der Geborgenheit des Filzhauses sassen, trauten wir unseren Augen nicht: Neben Tee mit viel Milch und Zucker wurde warmes Fladenbrot, frische Butter, Joghurt, Sauerrahm, Frischkäse und Beerenkonfitüre aufgetischt.

Wir fühlten uns als Schmarotzer – die Kinder hätten bestimmt mehrere Tage von all diesen Speisen ernährt werden können. Trotzdem blieb uns als gute Gäste nichts anderes übrig, als uns grosszügig zu bedienen, denn alles andere wäre beleidigend gewesen.

Als der Ehemann mit einem verformten Ledersack zu uns in die Jurte stiess, wussten wir schon, was auf uns zukam… Tatsächlich hielten wir wenig später alle eine randvolle Tasse vergorener Stutenmilch in der Hand. Sein Stolz über das selber gegorene Getränk machte jede Widerrede unmöglich, und so tranken wir die nach Pferd riechende, säuerliche Flüssigkeit in kleinen Schlucken, möglichst ohne das Gesicht zu verziehen. Ein herbes Frühstücksgetränk für westliche Gaumen! Allerdings schmeckte der Rest der aufgetischten Köstlichkeiten so vorzüglich, dass wir diese kleine kulinarische Herausforderung gerne annahmen…

Als die Familie uns schliesslich mit guten Wünschen verabschiedete, legten wir drei Tafeln Schweizer Nussschokolade auf den Tisch – ein unwürdiges Geschenk im Vergleich zu dem, was sie uns gegeben hatten. Denn Schokolade gibt es fast überall zu kaufen. Für Gastfreundschaft ohne Vorurteile und Grosszügigkeit ohne Erwartung aber muss man weit gehen.

Lassen Sie sich nicht zum Trinken überreden. Wenn Sie keine Lust dazu haben, gibt es keinen Grund, weshalb Sie trotzdem Alkohol konsumieren sollten. Da dies von jenen Personen, die Sie dazu animieren möchten, oft partout nicht verstanden wird, hier einige Strategien:

- Als Frau: Erklären Sie, Sie würden nie Alkohol trinken.
- Als Frau: Sagen Sie, Ihr Mann oder Freund würde es Ihnen verbieten.
- Als Mann: Geben Sie zu, unter dem Pantoffel der Frau oder Freundin zu stehen, die Ihnen das Trinken verbiete (v. a. effizient, wenn die Frau anwesend ist!).
- Ein alter Trick: Trinken Sie das Glas nie leer.
- Wie beim Essen: Sagen Sie, Sie würden Medikamente einnehmen respektive Ihr Glaube würde das Trinken untersagen.
- Warten Sie einfach, bis alle anderen genug getrunken haben, und machen Sie sich unbemerkt aus dem Staub.

Wer aufgrund gewisser Reiseaktivitäten (z. B. mehrwöchige Trekkings) nicht täglich frisches Gemüse und Obst zu sich nehmen kann, sollte die Einnahme von nahrungsergänzenden Vitamin- und Mineralstoffpräparaten in Erwägung ziehen, insbesondere bei zusätzlichen hohen körperlichen Anforderungen und Belastungen.

Neben der Frage, wie man dank Nahrung gesund bleibt, geht es unterwegs oft auch darum, darauf zu achten, nicht wegen der Nahrung zu erkranken. Denken Sie daran, dass über Nahrungsmittel und Getränke – abhängig von Destination und Reisestil – ernst zu nehmende Krankheitserreger in den Körper gelangen können. Deshalb sollten sowohl grundlegende Essensregeln wie auch die vorherrschende Trinkwasserqualität nicht auf die leichte Schulter genommen werden. (Details dazu finden Sie im Kapitel zum Thema Gesundheit ab S. 61.)

Die grundlegende Ernährungsregel ist einfach: «Cook it, boil it, peel it or leave it!»

Freitagabend in Grönland – Im Rausch der vielen Biere

Die Szene spielte sich an einem Freitagabend in einem grönländischen Fünfhundertseelendorf ab. Im zarten Abendlicht des nie endenden Polartages warteten wir vor der Dorfbar auf einen dänischen Freund. Die Geräuschkulisse, die aus der Bar drang, befremdete uns: Durch die offene Tür hörten wir nämlich nicht Musik, lautes Stimmengewirr oder Gelächter. Vielmehr vernahmen wir langgezogene, kaum beschreibbare vokale Laute.

Als unser Freund Mikael schliesslich ankam, betraten wir die besagte Bar. Das Bild, das sich uns in diesem Moment eröffnete, überbot unsere wildesten Vorstellungen! Wir hatten im Vorfeld viel über das ausgeprägte Alkoholproblem der grönländischen Bevölkerung gelesen, aber so etwas hatten wir nicht erwartet… Da sassen Männer und Frauen jeden Alters, blickten mit kleinen Äuglein über die zig leeren Bierflaschen, die vor ihnen auf den Tischen standen, hingen sich in den Armen und «kommunizierten» jenseits jeglicher Artikulationsfähigkeit.

Als wir beim ebenfalls betrunkenen Barkeeper je ein Bier bestellten, schaute uns dieser erstaunt an: «Ihr wollt wirklich nur ein Bier?! Hier kauft man zehn Biere!» Diese Aussage erklärte einiges – zum Beispiel, warum manche Leute hinter 20 oder 30 leeren Bierflaschen sassen. Sie waren offenbar zwei- oder dreimal an die Bar gegangen…

Der Barman willigte schliesslich ein, uns je eine bescheidene Flasche Bier zu verkaufen. Kaum hatten wir es uns auf den Barhockern gemütlich gemacht, wurden wir zum Mittelpunkt des Geschehens im kleinen Lokal. Denn trotz des desolaten Zustands der Barbesucher wurden wir sofort als Ausländer erkannt – und solche waren so weit nördlich des Polarkreises etwas Aussergewöhnliches. In einem Dänisch, das selbst der Däne Mikael nicht mehr verstand, «redeten» mehrere Frauen und Männer auf uns ein, und während ein alter Grönländer mit meinen Haaren beschäftigt war, umarmte eine Dame fortgeschrittenen Alters innig unsere männliche Begleitung.

Überfordert mit so viel Aufmerksamkeit und dem Level des Alkoholkonsums, fassten wir rasch den Entscheid, unser Bier im Freien zu geniessen, und verliessen die Bar mit einigen entschuldigenden Worten… Ein kaltes Bier in der Hand setzten wir uns auf die kleine Hafenmauer. Es war Ende August und angesichts des bald hereinbrechenden Winters empfindlich kalt. Nachdem wir alle längere Zeit in der stillen, absolut unberührten Natur Grönlands verbracht hatten, war der Kontrast zum Trinklokal zu harsch gewesen. Wir zogen die frische Luft und den Blick auf die in rosarotes Abendlicht getauchten Eisberge vor, auch wenn uns dabei fröstelte.

Diese Szene wirkte verstörend und stimmte uns nachdenklich – wir hatten soeben das grösste Problem dieser Gesellschaft vor Augen geführt bekommen. Es machte uns traurig, dieses einst so starke Volk, das unter den härtesten Bedingungen der Erde überlebt hatte, in diesem Zustand zu sehen. Die so genannte Zivilisation war zu schnell gekommen. Und mit ihr der Alkohol.

fazit

Eine Reise lebt nicht allein von Architektur, Denkmälern und Bilderbuchlandschaften. Die Essenz einer Destination liegt vielmehr in der Atmosphäre eines Ortes. Diese möchte nicht nur optisch und akustisch erlebt, sondern mit allen unseren Sinnen wahrgenommen werden. Schmecken, spüren und riechen – was eignet sich da besser als ein köstliches Essen, dessen Duft uns verführt und uns für das Land und seine Kultur einnimmt!

Es scheint eine geheimnisvolle Verbindung zu geben zwischen einer Mahlzeit und ihrer Umgebung. Bestimmt kennen Sie dieses Gefühl, eine unglaubliche Lust auf ein Gericht zu verspüren, das Sie im Ausland gekostet haben. Dann die Freude, ein identisches Rezept zu finden und obendrein ein Geschäft ausfindig zu machen, das die Originalzutaten verkauft – und schliesslich die Enttäuschung, wenn das Gericht nicht ebenso vorzüglich schmeckt wie auf der Reise! Es ist eine Tatsache: Jamon und Oliven schmecken in Spanien bei Neonlicht und karierten Plastiktischtüchern besser als beim hiesigen Spanier. Kein Dal Bhat wird je schmackhafter sein, als der auf 4600 Meter über Meer über dem Feuer gekochte, und auch ein Espresso wird nie besser sein als jener am späten Vormittag in einer italienischen Bar.

Kein Zweifel: Zwischen kulinarischen Köstlichkeiten und deren Umgebung muss eine Verbindung bestehen. Vielleicht gibt es eine wissenschaftliche Erklärung dafür. Vielleicht sind es aber auch einfach die Seele eines Landes und der Puls eines fremden Ortes, die sich mit Gerüchen und Gerichten vermischen und so auf immer wieder neue Weise ein einmaliges Fest für die Sinne entstehen lassen. Ein Fest, an das sich unsere Sinne nach der Reise manchmal noch viel länger und viel lebendiger erinnern als an manche Sehenswürdigkeit.

check

Wahl des Lokals

- Seien Sie experimentierfreudig bei der Wahl eines Restaurants oder einer Bar. Die wirklich authentischen Lokale stehen selten im Reiseführer
- Fragen Sie einheimische Personen, wohin sie privat essen oder etwas trinken gehen. (Fragen Sie nicht, was sie Ihnen als «westlichem Traveller» empfehlen würden)
- Beachten Sie die alte Faustregel: Je mehr einheimische Personen in einem Lokal, desto besser!
- Denken Sie daran: Der Zeitpunkt, um Mahlzeiten einzunehmen, variiert je nach Land beträchtlich

Was tun bei Sprachbarrieren

- Schauen Sie anderen Gästen in den Teller und bestellen Sie das, was am besten aussieht
- Lernen Sie die Bezeichnungen der gängigsten Gerichte auswendig
- Ziehen Sie Angestellte oder andere Gäste als Dolmetscher heran
- Bestellen Sie mit Hilfe von Wörterbüchern und Phrasebooks

Vegetarier unterwegs

- Für strikte Vegetarier und Veganer sind Reisen in buddhistische Länder ein Genuss
- In Ländern mit sehr viel Fleisch auf der Speisekarte: Fragen Sie freundlich, ob ein Gericht ohne Fleisch oder Fisch zubereitet werden kann
- Machen Sie allenfalls eine körperliche Unverträglichkeit oder eine spezielle Diät für die vegetarische Ernährung verantwortlich
- Zeigen Sie sich flexibel, wenn es einmal keine fleischlose Alternative gibt
- Verzichten Sie auf die Bitte nach einer vegetarischen Mahlzeit, falls ausdrücklich Ihnen zu Ehren Fleisch besorgt oder ein Tier geschlachtet wurde

Zu Gast

- Lassen Sie sich eine Einladung im Ausland nicht entgehen; es ist eine einmalige kulturelle Erfahrung
- Suchen Sie eine passende Ausrede, die den Gastgeber nicht beleidigt, falls Sie etwas nicht essen oder trinken möchten
- Zeigen Sie sich dem Gastgeber gegenüber erkenntlich, falls dieser sich über seine Verhältnisse finanziell strapaziert hat, um der Verpflichtung als guter Gastgeber nachzukommen

Alkohol

- Lassen Sie sich nicht zum Trinken überreden

- Achten Sie darauf, wann, wo und mit wem Sie trinken
- Überlegen Sie, wie Sie – besonders nachts – wieder sicher zu Ihrer Unterkunft kommen
- Denken Sie daran: Berauschte Traveller sind besonders einfache Opfer für Diebe und andere Übeltäter
- Nicht alle Gesellschaften gehen gleich mit Alkohol um. Verlassen Sie ein Fest von Trunkbolden, bevor es ausser Rand und Band gerät. Passen Sie in muslimischen Ländern den Alkoholkonsum den lokalen Gepflogenheiten an

Gesundheit und Essen

- Achten Sie auch unterwegs auf eine gesunde Ernährung
- Nehmen Sie nahrungsergänzende Vitamin- und Mineralstoffpräparate ein, falls Sie längere Zeit kein frisches Gemüse und Obst essen können (z. B. auf mehrwöchigen Trekkings)
- Denken Sie an die grundlegende Essensregel: «Cook it, boil it, peel it or leave it!»

9 | *unterwegs*

Tata, Tuktuk oder Taxi?

«Jiri, Jiri, Jiri, Jiri!», schreit der nepalesische Busfahrer, in der offenen Tür seines Fahrzeugs stehend. «Pokhara, Pokhara, Pokhara!», ruft ein anderer drei Meter weiter rechts. Dazwischen ein Gedränge von Passagieren, Familien, Arbeitern, Gepäck und Nutztieren. Der Geruch der Abgase liegt beissend in der staubigen Luft, die im Motorenlärm der unzähligen alten Tata-Busse und den unablässigen Rufen der Fahrer vibriert – früher Morgen am Kathmandu-Bus-Terminal.

In der zwischen den Fahrzeugen wogenden Menge aus Menschen, Gepäckstücken und Tieren findet sich ein einzelner bewegungsloser Punkt: ein Europäer mit Rucksack! Ein Europäer, der wahrscheinlich nahe daran ist, die Nerven zu verlieren, und der sich nur noch Folgendes fragt: «Wo ist der Ticketschalter, von dem in meinem Reiseführer die Rede ist? Und welches, um Himmels Willen, ist mein Bus?!»

Noch am selben oder am nächsten Tag wird derselbe Traveller nach stundenlanger Fahrt über holprige Schotterwege und halsbrecherische Passstrassen an seinem Zielort aussteigen und denken, Zeuge eines Wunders geworden zu sein: des Wunders nämlich, in Kathmandu in den richtigen der 50 Busse gestiegen und tatsächlich physisch unversehrt und mental gesund an sein Ziel gelangt zu sein!

Während die Anreise in ein Land meist weniger spektakulär ist, ist das Unterwegssein im Land selber quasi die hochprozentige Essenz des Reisens überhaupt: Momente, in denen auf einen Traveller einerseits Anstrengung und Strapazen, andererseits aber auch eine unglaubliche Dichte an Erlebnissen und Eindrücken zukommen – Momente, die Traveller nie mehr vergessen.

Was es zu beachten gilt

In einem anderen Land mit lokalen Transportmitteln unterwegs zu sein, ist fast ohne Ausnahme immer mit Strapazen verbunden. Zum einen muss man zwingend ein anderes «System» – in diesem Fall das jeweilige Verkehrssystem – durchschauen, zum anderen sind Reisetage meistens per se anstrengend und ereignisreich.

Dies gilt für sämtliche Länder, allerdings in unterschiedlichem Masse. (Jedoch ist es keineswegs so, dass Länder der dritten Welt verkehrstechnisch zwingend chaotischer sind als westliche Staaten! Wer schon einmal per Bus in den Mittelmeerländern unterwegs war, kann ein Lied davon singen.)

Als Erstes wird es immer nötig sein, das Verkehrssystem des Landes zu entschlüsseln. Denn obwohl der öffentliche Verkehr überall dem Zweck dient, von einem Punkt zum anderen zu gelangen, sind die Funktionsweisen sehr unterschiedlich. Mancherorts fahren Busse beispielsweise nicht zu einer bestimmten Zeit, sondern dann, wenn sich genügend Passagiere gefunden haben; es kann auch sein, dass öffentliche Verkehrsmittel nicht an Haltestellen stoppen, sondern dort, wo eine Person wild winkend am Strassenrand steht. Das System ist nicht immer einfach zu durchschauen. Hinzu kommt, dass Reiseführer in diesem Zusammenhang oft keine grosse Hilfe sind, da – selbst wenn Fahrpläne existieren – die Angaben im Buch mit grosser Wahrscheinlichkeit veraltet oder ungenau sind.

Die Reise selbst ist meistens mindestens so ereignisreich und anstrengend wie die Abklärungen im Vorfeld. Der Sitzkomfort kann je nach Reiseland und Verkehrsmittel enorm variieren, Pannen sowie lange Verzögerungen und Verspätungen gehören vielerorts zum Programm. Wer sich jedoch einigermassen darauf einstellt und die Reise gut ausgerüstet antritt, wird weniger darunter zu leiden haben. Und selbst wenn Traveller in gewissen Situationen glauben, in einen nie mehr endenden Alptraum geraten zu sein, so weiss man ja eigentlich doch immer: Früher oder später wird man ankommen!

«Von A nach B» – die globale Formel des Unterwegsseins

Auf den ersten Blick scheint das Unterwegssein mancherorts eine äusserst komplexe Sache zu sein. Fahrpläne sind unlesbar, Informationen unauffindbar, und bereits der Gedanke an einen chaotischen Busbahnhof kann Besorgnis aufkommen lassen. Ein sehr simpler Gedanke wird diesen Zustand der Überforderung und Verwirrung jedoch etwas lindern. Überlegen wir uns Folgendes: Was heisst Unterwegssein eigentlich? Die Antwort ist einfach: von Punkt A nach Punkt B kommen. Fragen wir uns weiter: Bedeutet Unterwegssein in Afrika etwas anderes als in Skandinavien? Die überraschende Antwort lautet: nein!

Unterwegssein bedeutet auf der ganzen Welt nichts anderes, als von A nach B zu kommen. Diese Aussage mag banal klingen. Bei genauerer Betrachtung offenbart sie aber eine bestechende Erkenntnis: Wenn das Unterwegssein letztendlich

Unterwegs: Das Karamellbonbon

Auf der anderen Talseite erscheint über den Bergen ein winziger Punkt am Himmel. Eine Sirene heult auf, spielende Kinder und gackernde Hühner verlassen die Schotterpiste vor dem winzigen Flughafengebäude. Wenig später setzt in einer dichten Staubwolke ein Propellerflugzeug zur Landung an. Es holpert über die Piste, die eigentlich viel zu kurz ist. Ort der halsbrecherischen Landung ist Lukla im Khumbu-Gebiet in Nepal, 2800 Meter über Meer und Tor zum Himalaja.

Wir stehen in der kleinen Abfertigungshalle und beobachten das Treiben durch ein Fenster. Beim Gedanke daran, in wenigen Stunden in einem ähnlichen Flieger hier abzuheben, zieht sich langsam mein Magen zusammen. (Ich leide immer unter furchtbarer Flugangst, selbst wenn ich mit einer topgewarteten Maschine von Zürich nach Frankfurt fliegen muss.) In meinem Kopf wird es schon langsam leer, und ich frage mich, wie verrückt ich gewesen war, in diesen Flug eingewilligt zu haben.

Doch der sehr offiziell wirkende Check-In-Beamte nimmt seine Sache ernst und reisst mich aus meinen Ängsten auf den Boden der Realität zurück. Wie Check-In-Beamte es tun, informiert er uns freundlich und professionell: «You have tickets for Yeti Air flight two to Kathmandu. There will be three Yeti Air flights today. Make sure you get onto number two.» Da es weder Abflugzeit noch Gates gibt, frage ich nach, woran denn Flug Nummer zwei zu erkennen sei. Der Beamte lächelt wieder sehr professionell und meint freundlich: «Just look where your bag goes. This is your plane!»

Ich nehme mir die Weisung zu Herzen und lasse meinen Rucksack nach dem Check-In nicht mehr aus den Augen, während er auf einem Gepäckwagen ruht. Und tatsächlich: Eine gute Stunde später wird mein Gepäck zu einem der kleinen Flieger gekarrt. Als ich Yeti Air Nummer zwei erblicke, schlägt mein Herz mit harten Schlägen am Hals. Mit eiskalten, nassen Händen und weichen Knien stehe ich vor der kleinen Maschine, die mich nach Kathmandu fliegen soll.

Wiederum jedoch erstaunt mich ein äusserst höflicher Angestellter der Yeti Air. Sein professionelles «Welcome to our flight» und das Bild, wie er in seiner perfekt gebügelten Uniform vor dem kleinen Flugzeug auf der staubigen Piste steht, sind unvergesslich und verscheuchen meinen Widerwillen. Ich steige die drei Stufen hoch in die Kabine des Zwanzigplätzers.

Als ich mich auf dem wackeligen Sitz mit immer noch zitternden Händen festschnalle, taucht zum zweiten Mal der Herr in feiner Uniform auf – wie sich herausstellt, ist er unser Flugbegleiter. Er hält ein kleines Silbertablett mit Karamellbonbons in der Hand, von denen er mir mit einer kleinen Silberzange eines reicht. Nervös stecke ich mir die Süssigkeit in den Mund, und unmittelbar vor dem Start kaue ich eifrig die klebrig-süsse Masse. Dann, früher als erwartet, ist es so weit: Die Propeller knattern los, das kleine Flugzeug setzt sich in Bewegung und rumpelt in einer Staubwolke steil die Schotterpiste hinunter. Todesmutig schaue ich nach vorn durch die offene Cockpittür, wo ich das Ende der Piste, auf das direkt der Talabgrund folgt, erkennen kann… Einige Sekunden später hört das Schütteln auf einmal auf und kein Staub verschleiert mehr die Sicht aus dem Fenster – wir fliegen!

Unter uns gähnt ein tiefes Tal, kurz vor uns erhebt sich eine Bergkette. Der Pilot zieht das vibrierende Flugzeug steil nach oben und wenige Augenblicke später gleiten wir direkt über die Berge. Weiter hinten erhebt sich majestätisch der Himalaja. Beim Anblick der gleissenden Gipfel bin ich den Tränen nahe, die Sicht ist überwältigend. Ich vergesse die Propeller, das Flugzeug, die Angst, denke nur noch an die Erlebnisse der vergangenen vier Wochen zurück, an die Grossartigkeit dieses Gebirges, an das grosse Privileg, hier gewesen zu sein, und ein Gefühl der Glückseligkeit überkommt mich…

…und manchmal frage ich mich heute noch: Was genau war in diesem Karamell drin?

Die globale Formel des Unterwegsseins ist simpel. Sie lautet: «von A nach B kommen». Daraus lässt sich ableiten: Wenn Sie wissen, welches Verkehrsmittel von A nach B fährt, wann und wo es A verlässt und wie Sie zu einer Fahrkarte kommen, kann nichts mehr schief gehen. Anhand dieser Formel betrachtet, wird das Reisen auf der ganzen Welt bestechend einfach!

nämlich nichts anderes ist, als von A nach B zu kommen, bleibt der Prozess an sich immer derselbe. Konkret heisst dies: Egal, ob in Bolivien oder Österreich, Marokko oder Indonesien, Reisende müssen nur drei Fragen beantworten: Welches Transportmittel fährt von A nach B? Wo und wann muss dieses Transportmittel bestiegen werden? Und wo erhält man eine Fahrkarte?

Auch unterwegs gilt: Gut vorbereitet, reist es sich besser

Klären Sie im Vorfeld ab, welche Möglichkeiten bestehen, um von A nach B zu gelangen. Reiseführer und Internet sind hilfreich, die akkuratesten und aktuellsten Informationen kommen jedoch von der Lokalbevölkerung oder dem Transportunternehmen direkt vor Ort. Vergessen Sie dabei nicht, dass im Ausland die Preisrelationen häufig ganz andere sind, als in unseren Breitengraden. So kann beispielsweise eine fünfstündige Taxifahrt mit drei anderen Passagieren pro Person gleich teuer sein wie eine doppelt so lange Fahrt im öffentlichen Bus. Auch Inlandflüge sind häufig wesentlich günstiger als erwartet. Vorgängiges Sondieren lohnt sich daher auf alle Fälle.

Denken Sie bei der Planung auch daran, dass nicht nur Preisrelationen, sondern auch Zeit-Distanz-Relationen in anderen Ländern von westlichen Vorstellungen abweichen. Verzögerungen und Verspätungen sind vielerorts an der Tagesordnung. Angesichts dieser Tatsache ist das Einplanen einer genügend grossen Zeitreserve erforderlich, falls Sie zu einem bestimmten Zeitpunkt am Ankunftsort sein müssen.

Es lohnt sich, lange Strecken in mehrere Etappen aufzuteilen. Dies erhöht den Erlebniswert einer Reise und vermindert gleichzeitig die Strapazen.

In vielen Ländern ist es üblich, als Ausländer anstelle der öffentlichen Verkehrsmittel auch für lange Strecken Taxis, Mietwagen mit Fahrern oder bequemere Erstklassbusse oder -züge zu benutzen. Diese Varianten sind meist teurer, dafür schneller und sehr viel komfortabler. Ob man als Traveller solche Angebote nutzen will, ist jedem und jeder selbst überlassen. Doch selbst wenn sich unser «Traveller-Stolz» dagegen sträuben sollte, gilt es zu bedenken: Gewisse Reisestrapazen sind selbst für die Nerven weltoffener, erfahrener und robuster Reisender zu viel. Andererseits hat natürlich auch die authentische Variante ihren Reiz.

Hören Sie sich bei der Wahl des Verkehrsmittels oder der Strecke auch hinsichtlich der Sicherheit etwas um. Betrachtet man nationale Unfallstatistiken (und Wracks am Strassenrand), muss man zum Schluss kommen, dass manche

Strecken tatsächlich objektiv gefährlich sind. Beachten Sie dazu Hinweise in Reiseführern und von der Lokalbevölkerung. Wird ein Transportmittel für eine bestimmte Strecke gewählt, sollten diese Informationen unbedingt in den Entscheidungsprozess mit einfliessen.

Vielerorts ist es sicherer, tagsüber unterwegs zu sein als nachts. Klären Sie daher vor einer Nachtfahrt ab, wie es um die Sicherheit der Fahrt steht. Achten Sie bei der Planung einer Reise von A nach B ausserdem darauf, möglichst nicht mitten in der Nacht am Reiseziel B anzukommen.

Wer sich schliesslich für ein Verkehrsmittel entschieden hat, sollte in Erfahrung bringen, wie lange die Reise dauern wird und wie hoch die Wahrscheinlichkeit ist, dass sich diese Zeitangabe in Tat und Wahrheit verdoppelt. Planen Sie in Abhängigkeit davon Ihre Verpflegung. Da nicht überall unterwegs Nahrungsmittel gekauft werden können, ist insbesondere eine reichliche Wasserreserve in Sitzplatznähe wichtig.

Gerade auf Reisen, die über höher gelegene Pässe führen oder über Nacht dauern, wird genügend warme (und bequeme) Kleidung zum Reisekomfort beitragen. Ausserdem verkürzt – besonders für längeres Unterwegssein – ein spannendes Buch oder Musik die langen Stunden. Ausserdem können Ohropax in Griffnähe ein Segen sein. Denken Sie daran, alle diese Dinge griffbereit in einem kleineren «Handgepäck» – ähnlich wie auf einer Flugreise – mitzuführen.

Unterwegs von A nach B: Strapazen minimieren

Je nach Reiseland, Art des Fortbewegungsmittels und Dauer der Fahrt oder des Fluges werden die Strapazen geringer oder grösser sein. Könnten wir wählen, so würden wir wohl alle am liebsten in einem bequemen Liegesessel mit genügend Beinfreiheit unterwegs sein. Leider ist dies höchst selten möglich. Wer mit dem Schiff oder dem Zug reist, wird immerhin ab und zu die Beine vertreten können; wer aber per Bus eine längere Distanz unter die Räder nimmt, sollte sich bereits im Vorfeld auf Platz- und Bewegungsmangel einstellen. Einige kleine Vorkehrungen und Massnahmen helfen jedoch, jede noch so anstrengende Fahrt etwas angenehmer zu gestalten.

Es gibt unzählige Zwischenfälle, die während einer Reise von A nach B auftreten können. Da es aber unmöglich ist, alle vorauszusehen oder gar aufzuzählen, hilft folgende Devise: Hoffen Sie auf das Beste und rechnen Sie mit dem Schlimmsten! Diese Einstellung wird Sie am ehesten vor bösen Überraschungen schützen.

Neben genügend Proviant und Wasser trägt vor allem ein angenehmer Sitzplatz wesentlich zum Wohlbefinden während der Reise bei. Achten Sie daher beim Kauf des Tickets oder aber beim Einsteigen darauf, dass Sie eine weise Platzwahl treffen. Wählen Sie den Platz mit Blick auf Beinfreiheit, frische Luft und – sofern abzuschätzen – angenehme Sitznachbarn. Gerade bei alten Fahrzeugen kann es ein grosser Vorteil sein, nicht direkt über der Radachse oder dem Auspuff zu

Ankunft auf Grönländisch

Das grönländische Passagierschiff «Sarpik Ittuk» näherte sich kurz nach Mittag stampfend dem Festland. Wir freuten uns, nach fast 48 Stunden Fahrt wieder an Land zu gehen. Kurz vor der Hafeneinfahrt ertönte jedoch eine Lautsprecherdurchsage des Kapitäns: «Der Wind kommt von der falschen Seite. Wir können nicht anlegen.»

Eine Stunde lang drehte sich die «Sarpik Ittuk» daraufhin zwischen Eisbergen und Hafeneinfahrt im Kreis. Eine weitere Stunde später hiess es: «Der Wind ist immer noch zu stark.» Und weitere drei Stunden später hiess es: «Wenn es keine weissen Schaumkronen mehr gibt, fahren wir in den Hafen.» (Doch weisse Schaumkronen bildeten sich, so weit das Auge reichte.) Das Schiff zog weiter seine Kreise.

Am späteren Nachmittag knackte es wieder in den Lautsprechern. Der Kapitän liess verlauten: «Das Wetter sollte laut Bericht bereits besser sein. Es ist aber immer noch schlecht. Wir warten, bis es sich tatsächlich bessert.» Um acht Uhr abends schliesslich folgte eine handfeste Information: «Wenn wir bis zehn Uhr nicht im Hafen sind, warten wir bis um sieben Uhr morgens.»

Und schliesslich die letzte Durchsage um viertel nach neun: «Sie können sich schlafen legen. Wir werden die Nacht kreisend auf See verbringen. Der Kapitän und seine Crew wünschen Ihnen eine gute Nacht.»

Am nächsten Morgen legte die «Sarpik Ittuk» schliesslich an – mit 17 Stunden Verspätung. Ausser ein paar wenigen Ausländern, die ihren Anschlussflug verpasst hatten, jammerte niemand. Dies lag wohl daran, dass die meisten Passagiere Grönländer waren. Und Grönländer wissen, dass Naturgewalten stärker sind als Fahrpläne.

sitzen. Dies mag kleinlich klingen, wird aber die Reisequalität nicht unwesentlich positiv beeinflussen!

Wer lange Stunden unterwegs in nicht allzu bequemer Lage verbringen muss, tut ausserdem gut daran, diese Stunden nicht zu zählen. Viele Reisende haben ihre ganz persönlichen Strategien, um endlose Fahrten möglichst entspannt zu überstehen. Am wenigsten Probleme haben jene, die immer und überall selig schlafen können. Manche flüchten sich in Tagträume und andere wiederum versuchen mit Hilfe von Meditationsübungen oder autogenem Training die Zeit hinter sich zu lassen. Einige greifen sogar zu härteren Mitteln und nehmen für lange Fahrten sedierende Medikamente, um sich so in einen Dämmerzustand zu versetzen. Letztere Methode sollte allerdings mit Vorbehalt gewählt werden, vermindert sie doch das Reaktionsvermögen im Fall eines ungeplanten Zwischenfalls beträchtlich.

Besonders während Busreisen liegen Zwischenstopps und Pausen im Ermessen des Fahrers. Dies bedeutet leider, dass sich die Fahrgäste dem Takt des Fahrers anpassen müssen. Sollte ein Traveller allerdings allzu sehr unter einem dringenden Bedürfnis leiden (Durst, Harndrang, zu wenig frische Luft etc.), ist es eine gute Idee, dies dem Fahrer oder anderen Fahrgästen mitzuteilen. Meistens ist das Verständnis der anderen Fahrgäste und des Fahrers grösser als erwartet. Leiden Sie also keine Höllenqualen, bloss weil Sie sich nicht trauen, Ihre Bedürfnisse mitzuteilen!

Vorausgesetzt, Sie sind mit einem eigenen Fahrer respektive mit einem Taxi unterwegs, gehört zu diesen persönlichen Bedürfnissen auch das subjektive Sicherheitsempfinden. Sollten Sie einen Fahrer erwischt haben, der allzu sehr auf den Schutzpatron der Autofahrer vertraut und Sie mit seinem Fahrstil einem beträchtlichen Risiko aussetzt, zögern Sie nicht, dies mitzuteilen. Schliesslich sind Sie der Gast und bezahlen für einen Service. Etwas schwieriger ist es, seine Sicherheitsbedenken in einem öffentlichen Verkehrsmittel kundzutun. Solange

---

Simple Massnahmen können die Reise von A nach B selbst unter widrigen Umständen angenehmer machen: Wählen Sie einen möglichst komfortablen Sitzplatz (Beinfreiheit, Frischluft, angenehme Sitznachbarn etc.), lenken Sie sich mit Musik und spannenden Büchern ab und seien Sie nicht zu scheu, dringende Bedürfnisse dem Fahrer oder den anderen Mitreisenden mitzuteilen.

Gemäss der Weltgesundheitsorganisation (WHO) sterben weltweit jedes Jahr rund 1,2 Millionen Menschen in Unfällen im Strassenverkehr. Weitere 50 Millionen Menschen werden verletzt, wobei ein Grossteil der Unfälle in Drittweltländern geschehen. Diese Zahlen führen auf erschreckende Weise vor Augen, dass Risiken im Strassenverkehr nicht auf die leichte Schulter genommen werden sollten. Halten Sie bei der Wahl des Transportmittels unterwegs – wenn immer möglich – den Faktor Sicherheit im Hinterkopf, und wählen Sie Fahrer mit Bedacht. Zögern Sie auch nicht, Taxifahrer oder Chauffeure darauf hinzuweisen, wenn Sie mit deren Fahrstil nicht einverstanden sind.

allerdings die anderen Mitreisenden sorglos sind, dürfte auch Ihre Sicherheit nicht in allzu grosser Gefahr sein. Und schliesslich kann man sich zur Beruhigung auch Folgendes vergegenwärtigen: Die Fahrer oder Piloten sind sich die vorherrschenden Umstände gewohnt und dementsprechend souverän im Umgang damit!

Nicht zuletzt sollten Traveller sich bewusst sein, dass während der Reise von A nach B das Risiko für Kleinkriminalität praktisch überall auf der Welt erhöht ist. Sei es während eines Zwischenstopps, während man schläft, im Gedränge am Bahnhof oder am Flughafen: Das Risiko, Opfer eines Diebstahls zu werden, ist in diesen Momenten um einiges höher als in anderen Reisesituationen. Besonders wenn Traveller nach einer 12-stündigen Fahrt gerädert am Ziel ankommen, sind sie leichte Beute. Dies ist auch unter Dieben und anderen Schlitzohren bekannt. Es ist daher während des Unterwegsseins – und besonders nach einer langen, anstrengenden Reise – sinnvoll, zu jedem Zeitpunkt aufmerksam zu bleiben.

Während des Unterwegsseins ist das Diebstahlrisiko erhöht. Achten Sie während der gesamten Zeit von A nach B – besonders aber beim Ein- und Aussteigen sowie auf Zwischenstopps – auf Ihre Habseligkeiten.

Widrigkeiten auf dem Weg von A nach B

Der Ehrlichkeit halber muss gesagt werden: Unterwegs kann einiges schief gehen. Dies wird jedoch kaum erstaunen, ist es doch ziemlich offensichtlich, dass ein ereignisreicher Tag unterwegs mehr «Schwachstellen» aufweist als ein ruhiger Tag im Guesthouse.

Die Gründe, weshalb die Reise am Schluss nicht immer so herauskommt, wie ein Traveller sich das im Ideal vorgestellt hat, sind vielfältig. Sei es ein verpasster Anschluss, ein platter Reifen oder eine weggeschwemmte Brücke – es gibt unzählige Zwischenfälle, die ein reibungsloses Weiterkommen vereiteln. Grundsätzlich kann allerdings nicht viel mehr passieren, als dass man nicht vom Ausgangspunkt wegkommt, die Reise zwischen Ausgangs- und Zielpunkt unvorhergesehen unterbrochen werden muss (und man daher mit Verspätung ankommt) oder aber Teile des Gepäcks das Ziel nicht erreichen.

Fehlendes Gepäck dürfte das Unangenehmste der drei Szenarien sein. (Bitte beachten Sie dazu das Kapitel zum Thema Gepäck, S. 47.) Die anderen bei-

---

Anhand der vereinfachten «Von A nach B»-Formel betrachtet, können eigentlich nur drei ungeplante Fälle auftreten:

1. Sie kommen nicht von A weg.
2. Sie müssen die Reise vor Erreichen von B unterbrechen und treffen mit Verspätung ein.
3. Ihr Gepäck kommt nicht oder nur teilweise in B an.

Der erste und der zweite Fall sind nur dann ärgerlich, wenn Traveller einen zu straffen Zeitplan verfolgen. Dem kann durch grosszügig eingeplante Reservezeit vorgebeugt werden. Fehlendes Gepäck hingegen ist unschön – ein offenes Auge diesbezüglich ist viel wert. (Lesen Sie mehr zur Gepäcksicherheit im Kapitel zum Thema Gepäck auf S. 47).

Die «Lonely Planet»-Lodge

Erleichtert und benommen erreichten wir nach 12 Stunden holpriger Anreise über nepalesische Passstrassen das Dorf Jiri und stiegen gerädert aus dem indischen Tata-Bus. Dabei konzentrierte ich mich in erster Linie darauf, keiner der Hände, die sich mir entgegenstreckten, meinen Rucksack zu überlassen; in zweiter Linie versuchte ich, möglichst rasch aus der quirligen Menge zu kommen, die sich um den Bus geschart hatte.

Als ich aber zielstrebig die Richtung einschlagen wollte, in der die im «Lonely Planet»-Reiseführer angepriesene Sherpa Lodge lag, wurde mir klar: Ich hatte trotz frühzeitiger Konsultation des Dorfplans während der letzten Busmanöver komplett die Orientierung verloren.

Ich hatte keine Ahnung, in welche Richtung ich gehen sollte – und so sah ich wahrscheinlich auch aus. Da schälte sich ein freundlicher Junge aus der Menge heraus und fragte zurückhaltend: Lonely Planet Lodge? «Die Rettung zur richtigen Zeit!», dachten wir, nickten erleichtert und folgten ihm.

Erschöpft fielen wir auf die Pritschen der kleinen Kammer, in die er uns geführt hatte. Endlich konnten wir die Glieder ausstrecken! Erst als wir uns etwas erholt hatten und die «Sherpa Lodge» genauer betrachteten, fiel uns Merkwürdiges auf: Das Haus war dunkel, eng und feucht, die Wände schwarz verrusst, und die Küche (in Form eines Gaskochers) stand direkt vor dem Plumpsklo.

Komischerweise befand sich unsere «Sherpa Lodge» auch nicht dort, wo sich gemäss Karte die «Sherpa Lodge» zu befinden hätte. Und obendrein stiessen wir auf einem kleinen Abendspaziergang am anderen Ende des Dorfes auf ein sehr hübsches Haus mit einem «Sherpa Lodge»-Schild, während bei unserem Haus nichts dergleichen angeschrieben war…

Endlich fiel es uns wie Schuppen von den Augen: Wir sind gnadenlos reingelegt worden! Nun, da wir aber schon bezahlt hatten und ausserdem hundemüde waren, blieben wir in unserer «Sherpa Lodge» – und, zugegeben, irgendwie mochten wir dem freundlichen Schlitzohr den Erfolg sogar gönnen. Schliesslich war er clever genug gewesen, das Zauberwort herauszufinden, mit dem er jeden erschöpften Traveller um den Finger wickeln konnte!

den Zwischenfälle hingegen sind zwar ärgerlich, jedoch selten weiter tragisch. Ernste Konsequenzen haben diese nur, wenn ein Traveller darauf angewiesen ist, zu einem bestimmten Zeitpunkt in Ort B einzutreffen. Wie bereits weiter oben erwähnt, kann einer einschneidenden Verspätung jedoch durch einen grosszügigen Zeitplan vorgebeugt werden. Ansonsten ist die Zeit, die man zusätzlich noch am Ausgangspunkt oder aber zwischen A und B verbringen muss, nicht «verlorene» Zeit. Betrachten Sie diese vielmehr als Extrazeit, während der Sie vielleicht einen Ort sehen, an den Sie sonst nie gekommen wären, oder sich mit anderen Reisenden unterhalten, die Sie sonst nicht getroffen hätten!

fazit

Unterwegs zu sein ist ein Ausnahmezustand. Es ist eine Auszeit, während der ein Traveller jeglichen Alltag – sogar den Reisealltag! – verlässt und mit einer zusammengewürfelten Gemeinschaft von Unbekannten für einige Zeit einen Bus, ein Schiff, einen Zug oder ein Flugzeug teilt. Oft ist es eine Zeit der unglaublichsten Erlebnisse und der unvergesslichen Bekanntschaften mit Leuten, Reisenden wie Einheimischen.

Reist man langsam und einigermassen bequem, sprich per Zug oder Schiff, so ist es ausserdem eine Zeit, in der man tatsächlich «Zeit hat». Denn selbst wenn eine mehrtägige Fahrt vor allem Langeweile verspricht, heisst dies doch nichts anderes, als dass man während vieler Stunden Zeit zum Sinnieren, Nachdenken, Lesen oder Reden hat. Zeit, in der es nichts zu tun gibt, in der wir uns ohne schlechtes Gewissen dem Nichtstun hingeben können. Ein nicht zu verachtendes Privileg für Traveller aus einer von Zeit- und Termindruck geplagten Welt!

Und ausserdem: Beim unabhängigen Reisen darf ja auch einmal der Weg das Ziel sein. Schliesslich reisen wir ja nicht um die halbe Welt, bloss um das Ziel zu sehen, sondern vielmehr, um die Welt zu sehen! Es braucht uns also gar nicht zu kümmern, wenn dieser Weg zum Ziel ab und zu ein wenig länger und anstrengender wird. Schliesslich ist es das Unvorhergesehene, welches das Unterwegssein wie auch das Reisen intensiver und damit auch unvergesslich werden lässt!

check

Vor der Reise

- Denken Sie daran: Unterwegs sein bedeutet eigentlich nichts anderes, als von A nach B zu gelangen
- Checken Sie die verschiedenen Möglichkeiten, um von A nach B zu kommen
- Machen Sie Preisvergleiche – oft kostet eine bequemere Variante nicht deutlich mehr
- Machen Sie sich ein Bild über die Sicherheit gewisser Verkehrsmittel und Strecken
- Vermeiden Sie in heiklen Regionen Nachtfahrten sowie generell Ankünfte am Zielort zur Nachtzeit
- Nutzen Sie allenfalls speziell für Ausländer bestimmte Transportmittel (z. B. Mietwagen mit Fahrer), falls die Reise mit den öffentlichen Verkehrsmitteln beim besten Willen zu anstrengend ist
- Klären Sie ab, wie lange die Reise dauern wird und wie hoch die Wahrscheinlichkeit für Verspätungen ist
- Planen Sie genügend Reservezeit ein, falls Sie zwingend zu einem bestimmten Zeitpunkt an Ort B sein müssen
- Teilen Sie eine allzu strapaziöse Reise in verschiedene Etappen auf
- Packen Sie entsprechend der Reisedauer genügend Proviant und Wasser ein
- Tragen Sie bequeme und allenfalls auch genügend warme Kleidung; speziell nachts oder auf Fahrten über höher gelegene Pässe kann es empfindlich kalt werden

Während der Reise

- Wählen Sie einen bequemen Sitzplatz (Beinfreiheit, Frischluft, angenehmer Sitznachbar etc.)
- Lenken Sie sich mit einem spannenden Buch, Musik, Tagträumen, Entspannungsübungen etc. ab, und zählen Sie keinesfalls die Stunden
- Seien Sie nicht zu scheu, dringende Bedürfnisse (Toilette, Frischluft, Wasser etc.) dem Fahrer oder anderen Mitreisenden mitzuteilen
- Achten Sie unterwegs besonders gut auf Ihre Habseligkeiten, vor allem aber beim Ein- und Aussteigen sowie auf Zwischenstopps

10 | *sicherheit*

Eine Frage der Definition?

Manche Reisende finden europäische Innenstädte gefährlich, andere machen sich auch in der gegenwärtigen Situation als Traveller auf nach Afghanistan. Manche fürchten sich, bei Schneefall mit dem Wagen zum Einkaufen zu fahren, andere kaufen einen Jeep und fahren quer durch Afrika.

Was heisst «gefährlich»? Oder anders gefragt: Was überhaupt bedeutet Sicherheit? Heisst es, kein Risiko einzugehen? Oder heisst es, ein Risiko richtig einzuschätzen? Wie hoch ist der Preis, wenn man Risiken geflissentlich ausweicht und immer den Weg des geringsten Widerstands geht? Und wie hoch ist er, wenn man sich Risiken bewusst aussetzt? Keine einfachen Fragen!

Nehmen wir den Alpinismus zur Veranschaulichung: Er ist ein wunderbares Beispiel, wenn es darum geht, sich Gedanken über Sicherheit und Risiko zu machen. Wie viele Gipfel wären erreicht worden, wenn beim kleinsten Risiko aus Überlegungen der Sicherheit die Tour abgebrochen worden wäre? Stichwort Wagemut: Wie viele Alpinistinnen und Alpinisten aber haben ihre Abenteuerlust mit dem Leben bezahlt?

Diese Überlegungen führen letztendlich zu folgender Grundsatzfrage: Wo liegt die Grenze zwischen hemmendem Sicherheitsdenken und leichtsinniger Entdeckungslust? Die Antwort muss individuell und von Fall zu Fall unterschiedlich ausfallen. Doch genauso wie in den Bergen ist es auch auf Reisen unumgänglich, sich früher oder später mit Fragen der Sicherheit und Risikobereitschaft auseinander zu setzen.

Was es zu beachten gilt

Was heisst «gefährlich» – und was ist «sicher»?
Es ist unmöglich, alle Eventualitäten aufzuzählen, die während einer Reise zu einem Sicherheitsrisiko werden könnten. Der Anspruch, alle Möglichkeiten voraussehen und kontrollieren zu können, ist illusorisch. Ausserdem sind die potenziellen Gefahren je nach Land, Reisestil und Reisezeit sehr unterschiedlich.

Theoretisch betrachtet können wir das Gefahrenspektrum für Reisende jedoch in vier Bereiche einteilen: Kriminalität, Risiken im Strassenverkehr (oder allgemein beim Reisen), Naturgewalten sowie Probleme, die aus einem globalen Zusammenhang entstehen (z. B. politische Unruhen, Terroranschläge oder spezifische Ressentiments gegenüber Reisenden aus dem Ausland). Natürlich können Reisende auch einfach zur falschen Zeit am falschen Ort sein, von einer Kokosnuss erschlagen oder von einem durchgedrehten Pavian angegriffen werden: Murphys Gesetz ist unberechenbar. Doch es kann genauso auf einer Reise wie auch im Alltag eintreten. Daher wird dieses Gefahrenpotenzial hier nicht mit in die Überlegungen einbezogen.

Was die berechenbaren Gefahren angeht, ist es Reisenden empfohlen, sich über die spezifischen Risiken ins Bild zu setzen. Nur wer die Risiken kennt, kann schliesslich darüber entscheiden, ob sie kalkulierbar sind oder nicht. Unbekannte Risiken sind nicht kontrollierbar und somit wirklich gefährlich. Ein seriöses «Risikomanagement» bestehend aus Abklärungen, Informationssuche Abwägen und Entscheiden ist in diesem Zusammenhang unumgänglich.

Wer individuell reist, ist für sich selber, für seine Handlungen und für deren Konsequenzen verantwortlich. Dies bedeutet, dass individuell Reisende ein hohes Mass an Eigenverantwortung tragen. Sie sind darauf angewiesen, selbständig Risiken einzuschätzen und dementsprechende Entscheide zu fällen.

Risikomanagement – die Zauberformel gegen Leichtsinn
Wirklich gefährlich sind Naivität und Leichtsinn. Die Zauberformel gegen diese beiden Gefahren heisst «Risikomanagement». Simpel ausgedrückt geht es dabei um eine Risikoreduktion respektive um eine Sicherheitsoptimierung. Dies bedeutet eigentlich nichts anderes, als ein Risiko fassbar zu machen und es so weit zu reduzieren, dass es nicht mehr als akute Gefahr eingestuft werden muss. Ist eine solche Risikoreduktion nicht möglich, muss die Gefahr als solche erkannt und umgangen werden. Für Sie als Traveller bedeutet dies: Machen Sie sich über die möglichen Gefahren schlau und lassen Sie anschliessend Ihr rationales und intuitives Urteilsvermögen walten.

Gefährlich ist nie das Reisen an sich. Gefährlich ist es, die Gefahren nicht zu kennen!

Zum Risikomanagement gehört neben dem Abschätzen von Gefahren ausserdem die Auseinandersetzung und die Vorbereitung auf den «schlimmsten Fall». Ohne gleich eine «Self-fulfilling prophecy» – eine sich selbst erfüllende Prophezeiung – zu provozieren, sollte man sich einige Gedanken über ein potenzielles Worst-Case-Szenario machen.

Ein äusserst ausgeklügeltes System des Risikomanagements kennen Wintersportler, die sich mit dem Thema Lawinen konfrontiert sehen. Der Grund dafür ist simpel: Bis heute ist nicht schlüssig voraussagbar, wo und wann eine Lawine niedergehen wird. Tourengänger müssen folglich anhand nicht hundertprozentiger Informationen so genannte Ja- oder Nein-Entscheide fällen, die mit grosser Wahrscheinlichkeit richtig und sicher sein werden.
Der Schweizer Bergführer und Sicherheitsexperte Werner Munter hat dazu die «Formel 3x3» entwickelt. Gemäss dieser Formel darf die Lawinengefahr nie nur anhand eines Kriteriums eingeschätzt werden. Vielmehr gehören in die Risikoanalyse drei Hauptfaktoren: *die Verhältnisse, das Gelände* und *der Mensch*. Diese drei Faktoren werden wiederum auf drei Ebenen – auf einer *regionalen*, einer *lokalen* und einer *zonalen Ebene* – beurteilt. Daraus entsteht schliesslich das Koordinatensystem oder eben die «Formel 3x3», welche die Beurteilung einer Gefahr auf mehreren Ebenen berücksichtigt und die Situation während der Tour immer wieder überprüfbar macht.
Selbst wenn das Reisen auf den ersten Blick recht weit davon entfernt scheint, ist diese Formel auch für Traveller sinnvoll, um Entscheide punkto Sicherheit zu treffen. Denn auch Reisende müssen Ja- oder Nein-Entscheide aufgrund nicht hundertprozentiger Information treffen. So müssen Reisende ebenfalls *die Verhältnisse* (z.B. politische Lage im Land), *die Gegenden*, die bereist werden wollen, und *die Personen* (Reisestil, Erfahrung, Kompromissbereitschaft etc.), die auf der Reise mit von der Partie sein werden, beurteilen. Und genau wie bei einer Skitour sollen auch Traveller diese drei Faktoren *vor* der Reise aus einer entfernten Perspektive, *während* der Reise mit Hilfe aktueller Informationen sowie *von Fall zu Fall* anhand der tatsächlich herrschenden Umstände beurteilen, Entscheide fällen und diese immer wieder überprüfen. Die «Formel 3x3» kann also – in leicht modifizierter Form – auch für Traveller gelten.

Vor der Reise – Informationen suchen und finden

Die seriöse Vorbereitung trägt wesentlich zur Sicherheit während einer Reise bei. Dazu gehört in erster Linie, sich einen verlässlichen Überblick über die Sicherheitssituation im Reiseland zu verschaffen. Das Internet spielt dabei eine zentrale Rolle: Einerseits bieten Institutionen wie das Eidgenössische Departement für auswärtige Angelegenheiten (EDA) umfassende und aktuelle Reisehinweise. Andererseits tauschen aber auch User von Online-Travelforen im Internet Informationen bezüglich Sicherheit in einem Reiseland aus. Diese Hinweise sind zwar nicht von offizieller Stelle bestätigt, aber doch häufig sehr aktuell und brauchbar.

Betreffend Aktualität und Präzision ist die Seite des EDA zweifellos hervorragend. Vielen Reisenden dürfte es beim Lesen der Hinweise allerdings ähnlich ergehen wie MedizinstudentInnen bei der Vorbereitung auf die Pathologieprüfung: Plötzlich scheint alles gefährlich, und der

In den Bergen

Ein alter Mann – er musste weit über achtzig sein – stand nicht weit von uns auf der Terrasse der Bergstation. Rund um uns erhoben sich mächtig die Walliser Alpen mit ihren eindrücklichen Graten und glitzernden Schneefeldern. Der Alte schaute voller Wehmut auf die Gipfel und beobachtete uns beim Hantieren mit Seilen und Steigeisen. Schliesslich kam er zu uns herüber.

«Schön, dass ihr auch in die Berge geht», sagte er zufrieden. Es schien ihn zu beruhigen, junge Leute zu sehen, die seine jahrzehntealte Leidenschaft teilten. Mit leuchtenden Augen schaute er zum Matterhorn hoch. «Dreimal bin ich auf dem Horn gewesen», und mit einer dem Panorama folgenden Armbewegung fügte er an: «Jaja, da waren wir überall. Aber das ist lange her.»

Nachdem er einige seiner Erlebnisse erzählt und wir beeindruckt zugehört hatten, verabschiedeten wir uns. Mit einem gutmütig erhobenen Zeigefinger sagte er zum Schluss: «Hört nie auf, in die Berge zu gehen. Aber passt bei jedem einzelnen Schritt auf! Ein einziger, unbedachter Schritt kann alles für immer zunichte machen.»

Während der Tour – und während vielen weiteren Touren – habe ich oft an seinen Rat zurückgedacht. Er hatte nicht gesagt «Wer wagt, gewinnt». Er hatte auch nicht gesagt «No risk no fun!» oder «Just do it!». Er hatte ganz einfach gesagt: «Da gibt es etwas Grossartiges zu entdecken – aber denkt daran, wie klein und verletzbar der Mensch ist!» Ein Rat, mit dem sich keine Werbung machen lässt. Ein Rat aber, der aus jahrelanger Erfahrung gewachsen war.

Diese kurze Begegnung hat alle meine späteren Überlegungen zu Sicherheit und Risiko geprägt – sowohl in den Bergen als auch auf Reisen.

Spass am Reisen kann einem leicht vergehen ob all den genannten Gefahren. Ohne die EDA-Hinweise in Frage stellen zu wollen, ist es denn auch auffällig, dass Reisende die Situation in einem Land oft viel weniger problematisch einstufen als dies die Informationen auf der EDA-Seite erwarten lassen. Allerdings müssen sich Traveller, die in ein Gebiet reisen, von dem staatliche Institutionen abraten, bewusst sein, dass sie dies in eigener Verantwortung tun. Das EDA schreibt in diesem Zusammenhang ausdrücklich: «Wer in Krisengebiete reist, kann nicht mehr auf konsularische Unterstützung zählen. Das Personal der schweizerischen Vertretungen im Ausland hat in Krisengebieten gar keine oder nur noch begrenzte Möglichkeiten, Reisenden in misslicher Lage zu helfen oder zu intervenieren.»

Neben dem Internet sind auch manche Reiseführer gute Quellen für Infos zur Reisesicherheit. Da sich in vielen Ländern sicherheitsspezifische Situationen rasch verändern, sollte bei gedruckter Reiseliteratur allerdings immer ein Blick auf das Erscheinungsdatum geworfen werden. Während ein zehnjähriger Reiseführer für die Bereiche Flora und Fauna noch durchaus aktuell ist, werden sich die Aspekte der Sicherheit eines Landes mit grosser Wahrscheinlichkeit verändert haben! Aus diesem Grund bleiben aktuelle Informationen aus erster Hand immer noch am wertvollsten. Wer also Leute kennt, die erst kürzlich dieselbe Reisedestination besucht haben, sollte diese Möglichkeit des Informationsaustauschs unbedingt ausschöpfen.

Das Eidgenössische Departement für auswärtige Angelegenheiten (EDA) publiziert auf seiner Website aufgrund eigener Informationsquellen Reisehinweise. Diese konzentrieren sich auf so genannte «sicherheitsrelevante» Informationen, werden laufend überprüft und bei Bedarf der aktuellen Situation des jeweiligen Landes angepasst. Ziel des EDA ist es, neben Medien und Reiseliteratur als «ergänzende Informationsquelle» zu fungieren und Reisenden die Möglichkeit zu geben, sich über Risiken einer Reise zu informieren.

Die Reisehinweise des EDA finden sich unter *www.eda.admin.ch/travel/travelad_d.html.* Etwas ausführlichere Informationen bietet das deutsche Auswärtige Amt unter *www.auswaertiges-amt.de/www/de/laenderinfos/index_html.* Wer umfangreiche Länderinfos verknüpft mit den letzten News sucht, wird bei BBC unter der Rubrik Country Profiles der Seite *www.news.bbc.co.uk* fündig. Ebenfalls einen reichen Fundus an Informationen über sämtliche Länder bietet das World Factbook der CIA unter der Adresse *www.cia.gov/cia/publications/factbook.*

Ein letzter Punkt, um bereits vor der Reise für die Sicherheit und den reibungslosen Reiseverlauf zu sorgen, ist das Hinterlegen der Kopien von Pass, Tickets und Versicherungsnummern bei Freunden oder Angehörigen. Falls möglich, sollten zu Hause ebenfalls eine Kontaktadresse im Reiseland sowie ein ungefährer Reiseplan deponiert werden. Mittels dieser Vorkehrungen ist ein Traveller im Ernstfall rascher zu finden oder zu kontaktieren. Ausserdem wird im Verlustfall das Ersetzen von Pass, Tickets und anderen Dokumenten einfacher sein.

Während der Reise – Augen offen, Ohren steif!

Die beste Reisevorbereitung nützt nichts, wenn Traveller während der Reise Ohren und Augen verschliessen. Es gilt daher, während der ganzen Reise mit wachen Sinnen unterwegs zu sein. Dazu gehört zum Beispiel, sich via lokale News über die aktuelle Situation im Land auf dem Laufenden zu halten. Aber auch der Kontakt mit Einheimischen sowie der Austausch mit anderen Travellern ist Teil einer umfassenden Information vor Ort.

Respektieren Sie unbedingt Warnungen und Sicherheitshinweise der lokalen Behörden und Bevölkerung, selbst wenn diese Ihnen nicht einleuchtend erscheinen!

Besonders was Naturgefahren angeht – seien es Gezeiten, Berge, Bären oder Quallen –, ist der Rat der Einheimischen sehr viel wert. Wenn Ihnen Bewohner der Gegend versichern, in den vergangenen Jahren nie von einem Vorfall mit einem Bären gehört zu haben, können Sie mit hoher Wahrscheinlichkeit sorglos wandern gehen. Warnt man Sie andererseits vor einer Springflut oder Treibsand, wird dies seinen Grund haben. Nehmen wir als Beispiel die Schweiz: Jedes Jahr verunfallen unzählige ausländische Berggänger in den Alpen, weil sie bei einsetzendem Schneefall als Einzige in eine Wand einsteigen oder mit rutschigen Halbschuhen einen «einfachen» Viertausender erklimmen wollen. Als Traveller in einem anderen Land begehen wir eventuell ähnliche fahrlässige Dummheiten, bloss – wir sind uns der Gefahr nicht bewusst!

Hinsichtlich der menschgemachten Gefahren – Kriminalität und Gewalt – gilt vor allem: Information durch Medien, Einheimische und andere Traveller. Darüber hinaus ist eine gewisse Selbstreflexion während der gesamten Reise ganz gut. Hinterfragen Sie ab und zu, wie die allgemeine Lage im Moment ausschaut oder was Sie gerade tun. Laufen Sie gerade nachts allein im Hafen herum? Befinden sich ausser Ihnen nur noch skurrile Gestalten in der Bar? Tragen Sie aus modischen Gründen einen Ultra-Kurzhaarschnitt und spazieren soeben durch Harlem? In anderen Worten: Versuchen Sie ab und zu aus der Ferne einen Blick auf sich selbst zu werfen, und fragen Sie sich dabei, ob Sie gerade etwas aussergewöhnlich Leichtsinniges tun. Grundsätzlich ist es immer ein guter Vorsatz, nicht auffallen zu wollen. Gleiches gilt für die Reisesicherheit im Allgemeinen.

Nicht aufzufallen erhöht die Reisesicherheit. Für Traveller heisst dies: Kleiden Sie sich unauffällig, tragen Sie Zeichen des Wohlstands nicht zur Schau und respektieren Sie auf alle Fälle lokale Gepflogenheiten und Sitten.

Wer sich trotz aller Vorsicht mit der Situation konfrontiert sieht, bedroht oder gar überfallen zu werden, sollte einen möglichst kühlen Kopf bewahren. Es hat keinen Sinn, heldenhaft seine Brieftasche zu verteidigen und dabei sein Leben zu riskieren. Materielle Werte sind sehr leicht ersetzbar und im Vergleich zu physischer und psychischer Unversehrtheit wenig wert! Dies soll natürlich nicht heissen, jegliche Formen der Selbstverteidigung

Das andere Sicherheitskonzept

Wer in Grönland nicht mehr aus den Bergen zurückkehrt, ist nicht verunfallt. Wer in Grönland im Gebirge verschwindet, wurde von einem bösen, hässlichen Wesen geholt. So zumindest geht die Sage der Inuit, die auch heute noch zur Erklärung vieler Unglücke in den Bergen dient.

Weshalb aber kehren dann manche unversehrt zurück und andere nicht? Auch dafür hat die Sage eine Antwort: Wer von einem verstorbenen Ahnen beschützt wird, dem droht keine Gefahr, vom Hässlichen geholt zu werden! Wer also heil aus der Wildnis zurückkehrt, wird zweifelsohne von einem Vorfahr behütet. Eine andere Erklärung gibt es nicht!

Also, liebe Reisenden, die ihr vielleicht mal nach Grönland fahrt: Söhnt euch auf alle Fälle mit allen euren Angehörigen aus! Es könnte sich lohnen!

seien Tabu. Das zu Verteidigende und das, was unter Umständen auf dem Spiel steht, müssen für eine Verteidigung in einem vernünftigen Verhältnis stehen.

Einen weiteren Gefallen tun sich Traveller, wenn sie neben den Sitten und Traditionen auch die geltenden Gesetze eines Landes respektieren. Dabei ist es wichtig zu wissen, dass in anderen Staaten zum Teil sehr spezifische Gesetze in Kraft sind. So werden in manchen Ländern «Vergehen» wie der Besitz von weichen Drogen, Gotteslästerung oder auch die Beziehung von gleichgeschlechtlichen Partnern massiv geahndet. Informieren Sie sich darüber, und nehmen Sie die geltende Gesetzgebung ernst, denn während einer Reise stehen Reisende unter dem Recht des Reiselandes.

Trotz aller Umsichtigkeit kommt es vor, dass man während einer Reise zu Schaden kommt oder in eine missliche Situation gerät. Werden Reisende geschädigt und kommen aus eigener Kraft nicht mehr aus einer schwierigen Lage heraus, sollten sie die nächste konsularische Vertretung der Schweiz im Reiseland kontaktieren. Sie wird weiterhelfen, vorausgesetzt, die Reisenden haben alle Mittel der Selbsthilfe ausgeschöpft und befinden sich nicht in einem Krisengebiet, zu dem das konsularische Personal keinen Zugang hat.

Reisende stehen unter dem Recht des Aufenthaltsstaates. Verstösse gegen landesspezifische Gesetze können daher sehr unangenehme Folgen haben. Es ist im Interesse der Traveller, das geltende Recht unbedingt zu befolgen.

Befinden sich Reisende in einem Gebiet, das von einem grösseren Unglück betroffen ist, empfiehlt das EDA dringend, Kontakt mit Angehörigen zu Hause aufzunehmen, auch wenn man wohlauf ist. Dies beruhigt einerseits Bekannte und Verwandte in der Heimat und verhindert andererseits unbegründete Vermisstmeldungen oder Suchaktionen.

Haben Traveller in einer prekären Lage alle Mittel der Selbsthilfe und der Hilfe durch Angehörige ausgeschöpft, beginnt der so genannte konsularische Schutz. In diesem Fall sollten Reisende mit der nächsten Schweizer Vertretung Kontakt aufnehmen. Zu den klassischen Hilfeleistungen gehören die Gewährung eines rückzahlbaren Überbrückungskredits, die Organisation eines Anwalts (auf Kosten des Reisenden) sowie die Benachrichtigung der Angehörigen in der Heimat.

Schliesslich sei noch erwähnt: Ob all diesen rationalen Ratschlägen zur Sicherheitsoptimierung auf Reisen darf auf keinen Fall die Intuition vergessen gehen. Hören Sie auf Ihren Bauch und verlassen Sie sich auf Ihre Menschenkenntnis. Entwickeln Sie ein gesundes Misstrauen, ohne das Vertrauen zu verlieren. Oder wie ein Reisender es einmal ausdrückte: «Trauen und misstrauen Sie zugleich!» Strecken Sie die Nase also ruhig in den Wind, halten Sie gleichzeitig aber die Augen offen und die Ohren steif!

Ausgangssperre in Kathmandu

Wir waren nach vier Wochen Wanderschuhen und Thermounterwäsche wieder in Kathmandu und freuten uns auf eine warme Dusche, einen entspannten Besuch des Tempelbezirks und auf ein Essen in einem netten Restaurant. Gross war daher die Enttäuschung, als uns das Personal des Hotels mitteilte, exakt für den heutigen Tag sei aufgrund maoistischer Demonstrationen über die ganze Stadt eine Ausgangssperre verhängt worden.

Fragen Sie mich heute nicht, was zu diesem Zeitpunkt genau in uns vorging. Ich kann mich selbst nicht mehr daran erinnern, wie wir den Entscheid rechtfertigten. Auf alle Fälle packten wir das Tagesrucksäckchen und schlichen uns aus dem Hotel.

Erst fanden wir die in der Stadt herrschende Stimmung abenteuerlich und spannend. Es war, als würde man in einer Geisterstadt herumlaufen. Die sonst so von emsigem Leben erfüllten Strassen Kathmandus waren wie leer gefegt. Kein Mensch weit und breit, kein Verkehrslärm, nicht mal ein Huhn oder eine Kuh waren zu sehen. Die Metallrollläden vor den Schaufenstern der Geschäfte waren geschlossen, die Türen verriegelt. Und obwohl unsere Gelassenheit allmählich einem gewissen Unbehagen Platz machte, gingen wir weiter und weiter. Auf dem Tempelplatz angekommen, war es denn auch wirklich eindrücklich, als einzige Personen zwischen den Bauten umherzugehen. (Die Fotos wurden einzigartig, denn keine anderen Reisenden versperrten einem den Blick auf die Tempel!)

Auf einmal wurde die Stille durch entfernten Lärm durchbrochen. Wir horchten genau hin und mussten feststellen: Es war eine Menschenmenge, die Parolen skandierte. Der Schreck fuhr wie ein Stromschlag in mich, und ich blieb wie angewurzelt stehen. Es gab keine Zweifel – ein Demonstrationszug näherte sich! Mein Atem stockte und allerlei Gedanken schossen mir durch den Kopf. Meine armen Eltern! Was würden sie denken, wenn die Botschaft ihnen mitteilte, die Tochter sei trotz Ausgangssperre als einzige Ausländerin auf einem menschenleeren Platz in eine maoistische Demonstration gelaufen? Und wer waren diese Maoisten überhaupt? Was hielten sie von Ausländern aus dem Westen? Was würde hier gleich geschehen? Mit weichen Knien stiegen wir schliesslich eine Treppe hoch auf einen Tempel und machten uns dort oben unter den Dachbalken so klein wie möglich. Mein Herz stand still, als sich die lärmenden Demonstranten mit wehenden Bannern und Megafonen über den Platz bewegten.

Als es wieder still wurde und der Lärm in der Ferne verebbte, war unsere Erleichterung grenzenlos. Ähnlich grenzenlos wie die unglaubliche Naivität, die uns überhaupt in diese Situation hatte geraten lassen.

fazit

Aktives Risikomanagement hat immer auch mit Verantwortung zu tun. Beim Reisen geht es dabei meistens um Eigenverantwortung, manchmal zusätzlich auch um Verantwortung für andere Mitreisende. Dies ist eine wertvolle Erfahrung, zumal in manchen westlichen Gesellschaften Menschen diese Eigenverantwortung tendenziell abgesprochen wird. Da stehen auf einmal Schilder, die uns vor feuchten Fliesen warnen oder uns darauf hinweisen, dass heisse Getränke die Finger verbrühen.

Sei es beim Radfahren oder beim Rauchen: Immer mehr Regelungen scheinen uns vor uns selber schützen zu wollen. Ein Urteil über Sinn und Unsinn solcher Warnungen und Hinweise möchte ich mir hier nicht anmassen. Doch eines ist unbestritten: Wer die Eigenverantwortung scheut, der umgeht individuelles Denken und Entscheiden. Oder umgekehrt formuliert: Für sich selbst verantwortlich zu sein, heisst auch unabhängig zu sein! Und aus dieser Perspektive betrachtet ist das Reisen in Eigenregie eine erstklassige Möglichkeit, das eigene Verantwortungsbewusstsein zu schärfen.

Darüber hinaus ist die Auseinandersetzung mit der eigenen Sicherheit immer auch an Selbstreflexion gekoppelt. Schliesslich muss jede und jeder für sich selbst herausfinden, was genau Sicherheit für sie oder ihn bedeutet und wie mit Risiken umgegangen wird. Fragen dieser Kategorie sind nicht leicht zu beantworten und evozieren unweigerlich weitere Überlegungen. Wer sich Gedanken über seine eigene Sicherheit macht, wird früher oder später mit elementaren Fragen konfrontiert sein: Was ist mir wie viel wert? Wie viel Sicherheit gebe ich auf, um Aussergewöhnliches zu erleben? Und was ist wirklich wichtig?

So fordert uns das Reisen auf eigene Faust manchmal einiges ab. Es gibt uns aber auch viel zurück: zum Beispiel den Freiraum, für sich selbst verantwortlich zu sein.

check

Vor der Reise

- Sich über sicherheitsrelevante Aspekte des Reiselandes informieren (Websites von offiziellen Institutionen, Travelforen im Internet, Reiseführer, Bekannte)
- Einen «Reaktionsplan» für das Worst-Case-Szenario vorbereiten
- Kopien von Pass, Tickets und Versicherungsnummern zu Hause hinterlegen
- Falls möglich: Kontaktadresse im Reiseland und Reiseplan zu Hause hinterlegen

Während der Reise

- Sich via lokale Nachrichten über aktuelle Geschehnisse informieren
- Kontakt mit Einheimischen sowie Austausch mit Travellern pflegen
- Sicherheitshinweise und Warnungen der lokalen Behörden und Bevölkerung befolgen
- Sich hin und wieder fragen, wie die aktuelle Sicherheitssituation aussieht
- Nicht auffallen: unauffällige Kleidung tragen, Wertsachen nicht offen zeigen, lokale Gepflogenheiten respektieren
- Gesetze eines Landes respektieren
- Auf eigene Intuition und Menschenkenntnis vertrauen

In einer Notlage

- Kühlen Kopf bewahren
- Kontakt mit Botschaft aufnehmen
- Bei grösserem Unglück vor Ort: Angehörige zu Hause benachrichtigen (auch wenn es Ihnen gut geht!)

11 | *als frau allein unterwegs*

Tut mir Leid, ich bin schon verheiratet!

Um es gleich vorwegzunehmen: Frauen können überall reisen, auch allein. Frauen sind weder anfälliger für Krankheiten als Männer, noch sind sie vermehrt auf Hilfe angewiesen; sie sind nicht unselbständiger und haben nicht weniger Durchhaltevermögen. Kurz: Weibliche Traveller erobern die Welt genauso wie ihre männlichen Kollegen.

Warum also überhaupt ein Kapitel für die Frauen? Erstens sind überall auf der Welt Menschen, die auf den ersten Blick «schwächer» wirken als andere, eher Zielscheibe von Belästigungen oder Angriffen. In vielen Teilen der Welt gelten Frauen als das «schwächere Geschlecht». Allein reisende Frauen müssen daher damit rechnen, in einzelnen Ländern gegenüber Männern erschwerte Reisebedingungen vorzufinden. Zweitens erlangen westliche Frauen an manchen Destinationen unter den einheimischen Männern mehr Aufmerksamkeit, als ihnen lieb ist. Dies äussert sich meist in Form von «Verehrern», die ihr Interesse auf mehr oder weniger aufdringliche Weise bekunden. Diese Situationen können äusserst mühsam sein; mit einigen Strategien ist ihnen aber recht gut beizukommen.

Natürlich werden Typen immer Frauen nachpfeifen, ihnen stundenlang durch eine Stadt folgen und sie mit endlosen «Do you have a boyfriend»-Dialogen respektive -Monologen nerven. Und natürlich wird es als Frau nie ideal sein, nachts als Letzte aus der Subway zu kommen. Diesen gewissen Einschränkungen stehen aber Begegnungen gegenüber, die von Respekt und grosser Hilfsbereitschaft geprägt sind. Darüber hinaus bietet das Unterwegssein als allein reisende Frau oft die Möglichkeit, einen einmaligen Einblick in die kulturelle Welt der Frauen zu erhalten. Eine Sphäre, die in vielen Ländern im Hintergrund verborgen bleibt.

Nicht zuletzt reisen weibliche Traveller in manchen Ländern viel sicherer als männliche, da sie von den einheimischen Männern als etwas «Beschützenswertes» wahrgenommen werden. So kann es durchaus vorkommen, dass eine reisende Frau in einem hoch korrupten Land nicht ein einziges Mal Opfer von Korruption wird, ohne von Händlern belagert zu werden stundenlang durch einen Bazar spazieren und problemlos jeden Checkpoint passieren kann. Vorteile, von denen männliche Traveller nur träumen können!

Was es zu beachten gilt

Bis auf wenige Ausnahmen erwartet Frauen auf Reisen grundsätzlich dasselbe wie Männer. Die Ausnahmen allerdings können das Reiseleben einer Frau in gleichem Masse erschweren als auch angenehm erleichtern. Allein reisende Frauen werden in vielen Weltteilen als etwas Aussergewöhnliches angesehen. Dies kann sehr angenehm sein, wenn einheimische Männer beispielsweise als Beschützer auftreten und sich gegenüber den (vermeintlich) schwachen und schutzbedürftigen Damen äusserst hilfsbereit zeigen. Die Sonderstellung als allein reisende Frau kann jedoch auch unangenehm sein. Dies ist insbesondere dann der Fall, wenn man als westliche Frau von einheimischen Männern als verlockende Verführung oder günstige Heiratsmöglichkeit betrachtet wird.

Ist dies der Fall, reichen die Reaktionen von interessierten Männern vom klassischen Nachpfeifen und neugierigen Blicken über unvermittelte Liebeserklärungen bis hin zu eindeutigen Sexeinladungen und handfester Belästigung beziehungsweise Gewaltandrohung oder -anwendung. Die Furcht vor Gewalt dürfte viele Frauen denn auch davon abhalten, die Welt allein zu erkunden. Diese Furcht gründet in vielen Fällen nicht auf persönlichen, schlechten Erfahrungen, sondern auf «Räubergeschichten» – was nicht heissen soll, dass manche Gefahren durchaus ernst genommen werden müssen.

Ermüdender Anmache und Sprüchen von Seiten einheimischer Männer ist an manchen Orten – vor allem in touristischeren Gegenden! – praktisch nicht auszuweichen. Wie sehr dies die Nerven strapaziert, hängt vom subjektiven Empfinden der Frau ab. Ärgern Sie sich bereits in der Heimat darüber, wenn ein Mann Ihnen zwinkernd nachpfeift, wird Ihnen wohl bereits in Südspanien der letzte Nerv geraubt werden. Die Überlegung, neuralgische Destinationen (z. B. Marokko) zu meiden, kann sinnvoll sein.

Während Frauen in den einen Ländern die Aufmerksamkeit der Männer auf sich ziehen, ist eine allein reisende Frau in anderen Ländern etwas so Ungewöhnliches, dass es sämtlichen Männern die Sprache verschlägt. Eine gewisse Distanz beziehungsweise nahezu ängstliche Zurückhaltung sind die Folge. Dies kann sich äusserst positiv auf die Reisequalität auswirken: Frau kann sich ungehindert bewegen.

Es kommt vor, dass Frauen in gewissen Ländern einfach nicht beachtet werden. In gewissen Situationen ist dies ärgerlich – beispielsweise beim Warten auf ein Busticket, wenn Männer sich in einer ungewohnten Selbstverständlichkeit vor Ihnen in die Schlange stellen. Es kann aber auch ganz angenehm sein: Frauen können in solchen Ländern beispielsweise stundenlang ungestört in einem Geschäft alles anschauen, während

---

Berücksichtigt eine allein reisende Frau einige Vorsichtsmassnahmen und verfügt sie über gesunden Menschenverstand, setzt sie sich während einer Reise in ein fremdes Land nicht grösseren Risiken aus als dies männliche Traveller tun.

Falsche Antwort

Eine Freundin von mir arbeitete in den Vereinten Arabischen Emiraten (UAE). Als sie eines Abends in Abu Dhabi auf dem Weg von der Arbeit nach Hause in ein Taxi stieg, fragte der Fahrer sie keine zwanzig Sekunden später schnörkellos, ob sie vielleicht seine «UAE-Girlfriend» werden möchte. «Ich bin verheiratet», antwortete sie ausweichend. Ob der Ehemann denn auch in den Arabischen Emiraten sei, fragte der Fahrer weiter. «Nein», entgegnete sie ehrlich. Ebenso ehrlich gemeint war die nächste Bemerkung des Fahrers: «Meine Ehefrau ist in Pakistan, dein Ehemann in den USA – wo also liegt das Problem?»

männliche Traveller längst von drei Verkäufern zu einem Kauf genötigt werden.

Ein aufreibendes Phänomen, mit dem sich allein reisende Frauen konfrontiert sehen, ist übermässiges und unerwünschtes Interesse von Seiten der Männer. In welchem Masse dies unterwegs zur Einschränkung wird, ist grundsätzlich von zwei Komponenten abhängig: dem kulturellen Hintergrund eines Landes und dem Verhalten der Frau. Letzteres ist beeinflussbar. Ratschläge von Frauen für Frauen, wie der unerwünschten Aufmerksamkeit am besten zu begegnen sei, gibt es viele. Darüber hinaus ist das jeweilige Verhalten einer reisenden Frau abhängig von ihrem Charakter.

Sag, wie hast dus mit der Kleidung?

Wie man sich bettet, so liegt man! Oder für uns Frauen: Wie man sich kleidet, so wirkt man! Kleidung sendet Signale und verrät sehr viel über einen Menschen. Bestimmte Weisen, sich zu kleiden, werden allerdings in unterschiedlichen Gesellschaften völlig unterschiedlich interpretiert. Kleidung kann starke emotionale Reaktionen hervorrufen, insbesondere wenn kulturelle Werte damit verknüpft sind oder assoziiert werden. Dies gilt es auf Reisen zu berücksichtigen.

Wie also soll Frau sich kleiden, um möglichst neutral zu wirken? Betonen Sie weder Kurven noch Taille, tragen Sie weder bauchfreie T-Shirts noch offensichtliches Make-up und lassen Sie allenfalls lange Haare nicht wallend offen. Dies alles muss nicht bedeuten, dass Sie in zu grosser Männerkleidung unterwegs sein sollten – kleiden Sie sich einfach dezent

Die Art der Kleidung sendet in unterschiedlichen Kulturen unterschiedliche Signale aus. Freizügige Kleidung und offene, lange Haare werden in manchen Ländern als sexuelle Provokation verstanden. Passen Sie daher Ihre Kleidung und Ihr Auftreten möglichst den Sitten des Reiselandes an.

und bedecken Sie je nach Destination Schultern und Knie, falls angebracht auch Arme, Beine und Dekolletee. Um sich möglichst unauffällig bewegen zu können, ist es am einfachsten, sich an der Kleidung der einheimischen Frauen zu orientieren. Auch wenn es Ihnen als emanzipierter Frau widerstrebt, sich zu verhüllen – auf Reisen ist es manchmal ratsam: Es gibt beispielsweise viele Berichte von Frauen, die es am entspannendsten fanden, im Iran allein zu reisen, da ihnen der verhüllende Tschador Anonymität bot (selbst wenn das Kleidungsstück erst einmal Widerwillen evozierte).

Lange, offen getragene Haare können Aufmerksamkeit erregen. Ein Zopf, ein Knoten oder ein Kopftuch lassen die sinnliche Provokation schwinden; blondes Haar kann im Notfall mit einer auswaschbaren Farbe getönt werden. Für bestimmte Situationen ist eine dunkle Sonnenbrille zudem ganz praktisch. Sie hilft, ungewünschten Augenkontakt zu vermeiden und vereinfacht es, eine Ansammlung von starrenden Augenpaaren unbeteiligt zu durchqueren.

Die besten Abwehrsätze – Oder: Wie verscheucht man ungebetene Verehrer?

Es gibt zig gute Aussagen, die mühsame

«Warum bloss?»

Haben Sie sich auch schon gefragt, weshalb manche Männer im Ausland trotz evident geringen Erfolgschancen immer wieder auf Frauen zugehen und sagen: «I love you.» Ja selbst wenn sie ehrlich sind und «I want to make love with you!» sagen – was erwarten sie davon? Denken die Typen echt, die Dame würde sofort alle Taschen abstellen und sagen «Prima Idee! Zu mir oder zu dir?» oder «Ja super! Ich heirate dich morgen!»? Mal ehrlich: Wie oft in der Geschichte der Menschheit ist dies schon vorgekommen? Einmal? Zweimal? Noch nie?

Man kann sich also ernsthaft fragen: Weshalb geben diese Männer nicht resigniert auf? Warum, um Himmels willen, versuchen sie es immer wieder? Drei Erklärungsversuche …

1. Das Fernsehen. In vielen Ländern kennen die Leute den «reichen Westen» und dessen Kultur nur aus Filmen oder Serien. Stellen Sie sich nun vor, das Bild eines Kulturkreises basiert auf «Desperate Housewives», «Sex and the City» und spärlich bekleideten Werbeikonen! Westliche Frauen werden unweigerlich als gut situierte, attraktive und sexsüchtige Weiber gesehen! Und «wer weiss», mögen sich die Männer sagen, «vielleicht beisst eine solche Nymphomanin ja wirklich mal an!»

2. Verzweiflung. Für manchen Mann bedeutet eine Frau aus dem Westen eine Perspektive. Vielleicht sieht er sie als wandelndes Visum, um einer hoffnungslosen Lebenssituation in einem Land ohne Zukunft zu entkommen. Vielleicht wäre sie aber auch die letzte Möglichkeit, um ohne viel Geld für eine traditionelle Hochzeit aufzuwenden unter die Haube zu kommen. Beides ist irgendwie nachvollziehbar und macht das aufdringliche Werben mancher Herren vielleicht sogar ein wenig verständlicher …

3. Willige Touristinnen. Es gibt Frauen aus dem Westen, die mit einer spezifischen Absicht in ein anderes Land reisen: gutaussehende Männer. Frauen beispielsweise, die nach Spanien reisen für ein Abenteuer mit einem Latin Lover. Frauen, die nach Nepal reisen, um sich auf einem Treck einen «Sherpa all inclusive» zu mieten. Frauen, die in Entwicklungsprojekten in Indien in erster Linie an schönen Tibetern interessiert sind. Dies sind reale Beispiele und machen das Bild, das manche Männer von westlichen Frauen haben, nachvollziehbarer.

Fazit: Es bleibt uns wohl nichts anderes übrig, als immer wieder zu zeigen: Wir sind respektable, anständige, tiefsinnige Wesen und keine sexgierigen, männerwütigen Weiber. Zugegeben, frau mag bei dieser Aufgabe manchmal gegen Windmühlen kämpfen. Doch trotzdem sind es die Versuche allemal wert!

Anmache eines unerwünschten Verehrers zu kontern. Die Kunst besteht darin, den richtigen Satz im richtigen Moment zu finden. Es ist ähnlich wie bei der Homöopathie: Sie können zehn Stoffe ausprobieren und keiner wirkt. Dann finden Sie den einen, richtigen Stoff, und das Leiden ist innert kürzester Zeit kuriert. Dasselbe gilt für persistente, aufdringliche Männer, denen Frauen auf manchen Reisen begegnen. Meistens reicht ein treffender Satz.

Eine sehr effiziente Strategie ist es, an den Respekt eines Mannes gegenüber Frauen zu appellieren. Dabei empfehlen sich Sätze wie «*Respektieren Sie bitte, dass ich nicht reden möchte*» oder «*Respektieren Sie bitte, dass ich auf dem Weg zu meiner Mutter bin und sie nicht warten lassen möchte*». Auch indirekte Appelle an die Integrität eines Mannes wie «*Was würde Ihre Schwester (Ihre Mutter, Ihr Vater etc.) dazu sagen, wenn sie Sie jetzt sehen würde?*» können hilfreich sein. Ältere Frauen machen mit den Sätzen «*Was willst du von mir? Ich könnte deine Mutter sein!*» gute Erfahrungen. Ebenfalls hilfreich ist der imaginäre Ehemann. Aussagen wie «*Ich bin mit meinem Mann in fünf Minuten verabredet*» mässigen das Interesse vieler Männer ungemein. Wer etwas Theatralik nicht scheut, sollte es mit einem hastig geflüsterten «*Ich würde gerne mit Ihnen Zeit verbringen, aber mein Mann wird in Kürze hier sein …*» versuchen.

Für nicht verheiratete, allein reisende Frauen empfiehlt sich ein «imaginärer Ehemann», wenn es darum geht, mühsame Verehrer loszuwerden. Tragen Sie einfach einen «Ehering» und bringen Sie bei Gelegenheit Ihren Ehemann, der auf Sie wartet, ins Spiel.

Lässt sich ein Kerl nicht abwimmeln, hilft es manchmal, ihn blosszustellen. Besonders effizient ist diese Strategie bei Männern, die sich heimlich oder verdeckt an Sie heranmachen – z. B. mit leisen, unanständigen Fragen oder versteckten Berührungen. Wenden Sie sich kurzerhand an andere Leute, die sich in der Nähe befinden, und weisen Sie diese direkt darauf hin, dass dieser Mann Sie belästigt. Möchten Sie andere Leute nicht direkt ansprechen, können Sie den Mann auch beispielsweise mit dem Satz «*Schämen Sie sich, mich so zu begrabschen!*» laut einer öffentlichen Schelte preisgeben.

KLAR und DEUTLICH

Geben Sie einem aufdringlichen Mann zu verstehen, dass seine Gesellschaft nicht erwünscht sei. Formulieren Sie diese Aussage auf klare und deutliche Weise, ohne Interpretationsspielraum. Will ein Mann Sie beispielsweise auf einen Drink einladen oder zum Hotel begleiten, benutzen Sie ruhig klare Worte wie «*Ich habe überhaupt kein Interesse an Ihnen*» oder «*Lassen Sie mich bitte in Ruhe, ich will allein sein*». Viele Frauen sind in solchen Situationen viel zu höflich. Viele Männer wiederum werten ein Zögern, ein leichtes Abwinken oder ein verlegenes Lächeln

---

Teilen Sie ungebetenen Anbetern freundlich, aber deutlich mit, wenn Sie kein Interesse an ihnen haben. Dabei geht es nicht darum, unhöflich zu sein, sondern vielmehr darum, zweideutige «Signale» zu vermeiden, die dem Gegenüber Interpretationsspielraum lassen.

«Excuse me, Miss!»

Ich ging eine lebhafte Strasse im Zentrum Istanbuls entlang, als ich hinter mir einen Mann wahrnahm, der mir wie mein eigener Schatten folgte. Der Entschluss, den unerwünschten Begleiter zu ignorieren, war rasch gefasst. So schlenderte ich unveränderten Schrittes weiter, schaute in ein paar Schaufenster und stoppte ab und zu, um in meiner Tasche zu wühlen. Auch er verlangsamte jeweils seinen Schritt.

Schliesslich die unausweichliche Frage: «Hello Miss, where are you from?» Ich stellte mich taub und schritt ohne die geringste Gemütsregung weiter. Die nächsten 200 Meter Gehsteig zählte er alle Länder Europas auf: «Germany? Switzerland? Sweden? Norway? France? Italy?…» Mein Schweigen schien ihn in keinster Weise zu beeindrucken. «You don't like to talk?», fragte er stattdessen. Ich quittierte die Aufdringlichkeit mit einem klaren «No», ohne ihn eines Blickes zu würdigen, und ging meinen Weg unbeirrt weiter.

«Endlich Ruhe!», dachte ich schon, als er prompt seinen Monolog wieder aufnahm: «Why you don't like to talk?» (Schweigen meinerseits.) «You have a boyfriend?» «Yes.» (Stimmte zwar nicht.) «You don't like a Turkish boyfriend?» «No!» (Langsam riss mein letzter Nerv.) «You don't like Turkish men?» «No, I don't like Turkish men!», entgegnete ich schliesslich ziemlich unfreundlich. (So, jetzt galt ich in seinen Augen wohl als rassistische, arrogante Touristin.) «Do you know Turkish men?» Es nahm einfach kein Ende.

Mein Geduldsfaden war gerissen. Eine gute halbe Stunde war o.k., aber jetzt hatte ich genug. Am liebsten hätte ich dem Typen meinen Ellenbogen ins Gesicht gerammt. Die Konsequenz einer solchen Reaktion wäre aber mit Sicherheit eine unübersehbare Szene mitten auf der Strasse geworden, und so suchte ich krampfhaft nach anderen Strategien.

Die Methode «Ignorieren» hatte nicht funktioniert, ebenso wenig diejenige des «Freundlich-aber-bestimmt-Nein-Sagens». Ich musste mir etwas anderes überlegen. Ich erinnerte mich an das Zauberwort meiner ehemaligen Arabischlehrerin. Es hiess: «Respekt». Ich entschloss mich also für einen Strategiewechsel. Abrupt hielt ich an, nahm meine Sonnenbrille ab und schaute den Herrn ziemlich ernst an: «Can you please respect, that I do not like to talk?», sagte ich dabei mit betont freundlichem Nachdruck.

Das Letzte, was ich von ihm sah und hörte, waren ein verdatterter Blick, ein paar entschuldigende Worte und – puff! – weg war er! Erstaunt stand ich auf dem Gehsteig und blickte in die Welt, wie ein Alchimist, dessen Experiment zum ersten Mal geglückt ist! Die Arabischlehrerin schien eine Zauberformel verraten zu haben! In grösstem Erstaunen setzte ich meinen Weg fort.

als Ansporn, eine Frau zu «erobern». Dies soll nicht heissen, dass weibliche Traveller ob jedem Annäherungsversuch zu Furien werden müssen – achten Sie einfach darauf, keine falschen Signale auszusenden.

Manche Frauen schwören auf die ganz harte Tour und begegnen aufdringlichen Herren mit bösen Blicken und verbalen Ausdrücken, die nicht ins Vokabular von Pastorentöchtern gehören. Dies mag in manchen Kulturen und bei manchen Männern Wirkung zeigen. Allerdings sollte man sich vor Augen halten, dass aggressive Ausdrücke wie «Fu** off!» wiederum aggressives Verhalten fördern. Die Antwort des Gegenübers wird in den meisten Fällen kaum weniger zimperlich ausfallen, und dem Bild westlicher Frauen sind solche Kraftausdrücke auch nicht unbedingt förderlich. Vor einem verbalen Ausbruch sollte daher immer überlegt sein, ob es keine andere Lösung gibt, um seinen Standpunkt klar zu machen. Ziel ist es schliesslich, als Frau respektiert und nicht als «Schlampe» beschimpft zu werden.

Last but not least...

Nicht zuletzt sollten drei Schlagworte nie vergessen werden: Commonsense, Gelassenheit und Selbstbewusstsein. Commonsense – gesunder Menschenverstand – schützt davor, überhaupt in unliebsame Situationen zu geraten. Lassen Sie sich beispielsweise nicht zu etwas überreden, was Ihrem Bauchgefühl widerspricht, und lassen Sie Dinge bleiben, bei denen Sie sich anschliessend selber an der Nase nehmen müssen, wenn etwas schief geht.

Was heisst «Commonsense»? Oder anders gefragt: Wann erlaubt der gesunde Menschenverstand, etwas zu tun, und wann verbietet er es? Ein kleiner Trick hilft dabei, sich selbst zu überlisten und seinen eigenen Commonsense zu überprüfen: Stellen Sie sich vor, eine andere Person wäre in Ihrer Situation, würde eine Entscheidung treffen und ihr würde anschliessend etwas zustossen. Würden Sie die Person als «leichtsinnig» oder als «Pechvogel» bezeichnen? Müssen Sie es «Leichtsinn» nennen, spricht Ihr gesunder Menschenverstand dagegen, wäre es allerdings einfach «ein unglücklicher Zufall», spricht gemäss Ihrem Commonsense nichts gegen die Unternehmung.

Gelassenheit wird Ihre Nerven schonen und lässt Sie einen kühlen Kopf bewahren, während Selbstbewusstsein aufdringliche Männer bereits im Vorfeld vor einer Annäherung abhalten wird.

Will man als weiblicher Traveller nicht auf eine Unternehmung verzichten, obwohl der gesunde Menschenverstand eindeutig dagegen spricht, gibt es immer noch die Möglichkeit, sich Gleichgesinnten anzuschliessen. Nebenbei ist es auch für die grössten Individualistinnen unter uns bereichernd, sich hin und wieder mit anderen Reisenden auszutauschen. (Selbst wenn wir Schweizerinnen und Schweizer dies manchmal ganz gerne abstreiten – insbesondere wenn die anderen Reisenden ebenfalls aus der Schweiz sind.) Sind Sie allein unterwegs und die einzige Ausländerin weit und breit, ist es im Normalfall angenehmer, die Gesellschaft von einheimischen Frauen zu suchen. Setzen Sie sich z. B. auf

Schliessen Sie sich anderen Reisenden an, wenn Sie eine Unternehmung als Frau allein als zu riskant einschätzen. Gleichgesinnte finden sich am ehesten in Guesthouses oder z. B. in Travellerkreisen einschlägig bekannter Restaurants, Bars oder Internetcafés. Mancherorts existieren spezielle Pinwände, um gleichgesinnte Traveller in der Gegend zu finden. Auch Internetforen wie *www.lonelyplanet.com* helfen bei der Suche nach Gleichgesinnten vor Ort.

einer langen Busfahrt neben eine Frau oder fragen Sie auf der Strasse Frauen nach dem Weg. Dies soll nicht heissen, sämtliche Männer seien suspekt! Die Wahrscheinlichkeit einer ungezwungenen Unterhaltung oder einer unkomplizierten Auskunft ist einfach höher, wenn das Gegenüber ebenfalls weiblich ist.

Was, wenn alles nichts nützt?

Wenn alle Strategien gegen aufdringliche Männer nichts nützen und die ständigen Abwehrhandlungen zu viel Energie kosten, sind Rückzugsmöglichkeiten zur Erholung wichtig. Ist eine Frau den ganzen Tag über damit beschäftigt, sich unerwünschter Anbeter zu entledigen, ist es beispielsweise sinnvoll, wenn sie von einem Massenlager in der Herberge in ein ruhiges Einzelzimmer in einem Hotel ausweicht. Eine andere Lösung ist es, «Oasen» zur Erholung aufzusuchen. Je nach Kulturkreis sind diese beispielsweise in Form eines Hamams, einer Sauna für Frauen oder eines Kaffees in einem internationalen Hotel zu finden.

Sollte ein Mann Sie bösartig belästigen oder ganz offensichtlich zu Gewalt bereit sein, zögern Sie nicht, andere Personen zu involvieren. Gehen Sie, wenn möglich, an einen bevölkerten Ort, und sprechen Sie im Notfall auch fremde Leute an – egal, ob Traveller oder Einheimische. Sagen Sie diesen offen, dass Ihnen beinah etwas zugestossen ist, und bitten Sie diese um Hilfe. Die Wahrscheinlichkeit, Unterstützung zu finden, ist sehr gross, da in vielen Ländern ein Grossteil der Bevölkerung in beschützender Art um das Wohl eines Travellers besorgt ist.

Natürlich können auch Kenntnisse zur Selbstverteidigung von Vorteil sein. Einerseits strahlen Sie allein durch das Wissen um Selbstverteidigungsmassnahmen grössere Sicherheit und erhöhtes Selbstvertrauen aus, andererseits lassen sich damit Angreifer wirklich abwehren – besonders, wenn sie nicht darauf gefasst sind. Die beste Devise ist und bleibt aber: Vorbeugen ist besser als Heilen. Bereiten Sie sich seriös auf eine Reise vor, holen Sie rechtzeitig Informationen ein, versuchen Sie, Situationen im Voraus zu antizipieren und – vertrauen Sie auf Ihr Bauchgefühl.

Der Reiseführer-Verlag «Reise-Know-how» hat den allein reisenden Frauen einen ganzen Band gewidmet. Im Band «Als Frau allein unterwegs» von Birgit Adam findet sich viel Wichtiges und Wissenswertes für allein reisende Frauen.

Freitag ist ein guter Tag

Meine Sitznachbarin im engen Kleinbus ist eine Wohltat. Um die 30 Jahre alt, macht sie einen sehr liebenswürdigen Eindruck und spricht – zu meiner grossen Überraschung – sehr gut Englisch. Kurz: Sie ist die ideale Sitznachbarin für eine allein reisende Europäerin in einem Bus voller junger kirgisischer Männer…

Bevor wir uns auf den engen Sitzen für eine lange und kalte Nacht in der Marschrutka – dem öffentlichen Kleinbus – einrichten, plaudern wir über dieses und jenes und amüsieren uns bestens. Mairam, so heisst meine «Beschützerin», findet es lustig, dass ich im Kleinbus unter akutem Platzmangel leide, und ich muss mein Schmunzeln verbergen, als sie mich fragt, ob es eine direkte Marschrutka von der Schweiz nach Kirgistan gebe.

Als die Morgendämmerung anbricht, ist Mairam ausgeschlafen. Ich fühle mich gerädert. Obwohl ich nicht mehr allzu gesprächig bin, zeigt sie immer grösseres Interesse an meiner Person. Unvermittelt meint sie: «Wir haben ein grosses Haus und einen grossen Garten. Du solltest uns in den nächsten Tagen besuchen kommen. Es gibt einen direkten Kleinbus aus der Stadt.» «Vielen Dank für die Einladung, wenn es sich einrichten lässt, gern!», entgegne ich und denke: «Keine zehn Pferde werden mich in den nächsten Tagen nochmals in einen Kleinbus bringen!»

Etwas später ergreift Mairam wieder das Wort: «Mein Bruder wird bald heiraten. Du könntest meinen Bruder kennen lernen», sagt sie scheinbar unbeteiligt. Mir ist es nicht wirklich ums Reden, aber aus Freundlichkeit antworte ich, dass dies bestimmt sehr nett wäre. Erst Mairams Bemerkung, sie fände mich sehr sympathisch und würde es ausserordentlich schätzen, wenn ich dann bei ihnen wohnen würde, lässt bei mir eine leise Unsicherheit aufkommen. Die Worte «bei ihnen wohnen» klangen in meinen Ohren irgendwie nach Dauer!

Erst bei der nächsten Feststellung von Seiten Mairams erhalte ich die untrügliche Bestätigung, mich mit meinen ausweichenden, freundlichen Antworten auf ihre so unverfänglichen Fragen soeben rückwärts in eine ungewollte Situation verstrickt zu haben. Nachdem sie offenbar im Kopf kurz etwas nachgerechnet hatte, meinte sie ohne zu zögern: «Ja, komm am Donnerstag zu uns. Am Freitag können wir die Hochzeit einrichten. Freitag ist ein guter Tag zum Heiraten!» Ihr Gesichtsausdruck sagte alles, und ich musste feststellen, dass dies kein Scherz war. Es handelte sich nicht um einen Witz, von dem sie später kichernd ihren Freundinnen erzählen würde. Nein! Das war voller Ernst. Mairam wollte mich mit ihrem Bruder verheiraten, und zwar am besten noch diesen Freitag!

Nun, ich habe nicht Ja gesagt. Ich habe eigentlich, sprachlos über die unerwartete Wendung meiner Bekanntschaft, gar nicht mehr viel gesagt. Irgendwann habe ich dann mit Hinweis auf einen imaginären Verlobten, der in der Schweiz auf mich warte, den Kopf wieder aus der Heiratsschlinge gezogen. Mairam verstand nun zwar nicht mehr, weshalb ich trotz Verlobung allein reisen durfte. Sie verstand aber, dass ich – selbst wenn ich wollte – ihren Bruder nicht heiraten konnte!

fazit

Die Vorteile des Reisens mit Freundinnen, Kollegen oder Lebenspartnern sind nicht abzustreiten. Eindrücke und Erlebtes können mitgeteilt und besprochen werden, und in schwierigen Situationen ist es beruhigend, die Verantwortung zu teilen. Darüber hinaus ist gute Gesellschaft nie zu verachten.

Trotzdem bleibt der Reiz des allein Reisens bestehen, sowohl als Frau als auch als Mann. Während einer Reise in Eigenregie kann ein Traveller nach eigenem Gutdünken tun und lassen, gehen oder bleiben, aufstehen oder schlafen, essen oder lesen – eine einmalige individuelle Freiheit und Unabhängigkeit! Ausserdem lernt niemand so viele Leute kennen und hört so viele spannende Geschichten wie allein Reisende. Und nicht zuletzt ist es doch auch hinreissend, eine Zeit zu erleben, von der niemand sonst weiss; eine Zeit, die einem selbst vorbehalten ist – ein kleines Geheimnis zwischen einem Traveller und der Welt.

Darüber hinaus bietet das allein Reisen den Frauen ein grosses Privileg. Das Privileg nämlich, Einblicke in Frauenwelten zu haben, die sich in vielen Ländern hinter den Kulissen abspielen, und dabei Lebensgeschichten zu hören, die in keinem Reiseführer zu lesen sind.

Tauchen wir also ein in die grosse Welt des Reisens und die oft verborgenen Welten von Frauen. Denn Weltentdecken ist (auch) Frauensache!

Frauen für Frauen – Oder: Warum Schrubben und Joghurt glücklich machen

Der kleine Hamam in einer Nebengasse Istanbuls war spartanisch eingerichtet: eine kleine Kuppel, Bänke und Wasserbecken aus grauem Marmor, verbeulte Wasserhähne aus Metall und ein paar Plastikkübel. Kein Traum aus 1001 Nacht, doch deswegen nicht weniger entspannend.

Ich lag, vom Dampf durchdrungen, auf einem warmen Nabelstein, und eine alte Frau mit hochgesteckten, grauen Haaren massierte, seifte und schrubbte mich. Die Art, wie sie es tat, war selbst für eine liberal erzogene westliche Frau ziemlich ungewohnt. Sie massierte und schrubbte meinen Hintern genau so ungeniert wie meine Brüste und war selbst nur mit einem Slip bekleidet. Und wie ich so da lag, wurde mir bewusst, dass ich noch nie in meinem Leben eine barbusige alte Frau gesehen hatte.

Ist das nicht seltsam? Wir, die wir in Nordeuropa Prüderie belächeln, viel auf Freizügigkeit, Körperkult und Liberalität geben, finden es auf einmal kurios, von einer «Grossmutter» geschrubbt zu werden. Und vor allem: Wir westlichen Frauen, die wir in der gemischten Sauna unsere Freunde und Kollegen splitternackt sehen, wissen nicht mehr, wie ein gealterter Körper aussieht?

Mir schien in dem Moment, als hätten wir aus lauter Fixierung auf das andere Geschlecht die Gemeinschaft innerhalb des eigenen Geschlechts vergessen: die Sphäre, in der Frauen für Frauen da sind. Auf einmal fühlte ich mich unglaublich wohl. Das alte Mütterchen versetzte mich in einen Zustand der natürlichen Nacktheit, in dem es weder um Aussehen noch um Attraktivität oder Anerkennung ging, sondern einfach nur um Wohlbefinden.

Als meine Haut glatt und seidig war, setzte mich die alte Frau auf einen Schemel, und zu meinem Erstaunen holte sie eine grosse Flasche Shampoo und begann meine Haare zu shampoonieren. Anschliessend schüttete sie mir mit einem Kübel Wasser über den Kopf, bis ich vor lauter Schaum und Wasser nichts mehr sehen konnte. Erst als ich vom Scheitel bis zu den Zehen gespült war, entliess sie mich, und ich verliess den kleinen Hamam wie neu geboren.

Wenige Wochen später besuchte ich eine sowjetische Grosssauna für Frauen. Wieder war diese Solidarität unter den Besucherinnen aller Altersklassen spürbar. Junge und Alte rieben sich gegenseitig den Rücken, klopften sich mit Birkenwedeln ab und färbten einander die Haare. Dazu wurde viel gelacht und geschwatzt.

Noch keine fünf Minuten war ich in der Sauna, als mir zwei ältere Saunabesucherinnen eine Schale voll weisser Pampe überreichten: «Das beste Peeling!», erklärten sie mir. Als ich, etwas skeptisch, ein wenig der Masse auf meinen Beinen verteilte, fügten sie an: «Unsere Hausmischung aus Joghurt und Haferflocken. Du musst es auch im Gesicht auftragen, das gibt perfekte Haut.» Gerne nahm ich das kleine Geschenk und den Ratschlag entgegen (schliesslich hatte ich vorher lange keine Dusche mehr gesehen) und verliess auch diesmal die Sauna belebt und zufrieden.

Nun: Jahrelang hatte ich es genossen, in Zürich einen (auf westliche Bedürfnisse zugeschnittenen) Hamam und die Sauna zu besuchen. Und zugegeben, sie sind ein Augenschmaus. Der Hamam innenarchitektonisch vollendet, die Sauna mit fabelhafter Aussicht auf den See.

Doch leider muss ich mich allein schrubben, weil da kein verrunzeltes Mütterchen arbeitet. Auch die Seife kommt aus einem sterilen Seifenspender an der Wand; die Haare zu waschen ist verboten; und alte Damen sind auch keine da, die mir solidarisch ihr «Geheimrezept» für eine schöne Haut verraten. So komme ich seit diesen beiden Reisen einfach nicht mehr darum herum, mich in diesen «Wellness-Oasen» ein wenig trist zu fühlen…

check

Kleidung und Haar

- Kleiden Sie sich konservativ respektive den Sitten des Reiselandes entsprechend
- Betonen Sie weibliche Rundungen und Taille nicht
- Tragen Sie kein auffälliges Make-up
- Binden Sie lange Haare in einem Zopf oder Knoten zusammen
- Tragen Sie allenfalls Kopftuch, Hut oder Mütze
- Je nach Reiseland ist es eine Überlegung wert, blonde Haare dunkel zu tönen
- Tragen Sie eine dunkle Sonnenbrille, wenn Sie Augenkontakt vermeiden möchten

Sätze und Strategien zum Loswerden unliebsamer Verehrer

- «Respektieren Sie bitte, dass ich allein sein möchte.»
- «Was würde Ihre Mutter sagen, wenn sie Sie so sähe?»
- «Was wollen Sie von mir? Ich könnte Ihre Mutter sein!»
- «Mein Ehemann wartet auf mich.»
- Andere Leute auf das unangenehme Verhalten des Mannes ansprechen
- Klar und deutlich zu verstehen geben, dass Sie kein Interesse an einem Mann haben (nicht aus Höflichkeit Interpretationsspielräume offen lassen!)
- Kraftausdrücke wie «Fu** off!» und Ähnliches mit Vorbehalt aussprechen

Weitere Tipps für allein reisende Frauen

- Commonsense, Gelassenheit und Selbstbewusstsein mit auf die Reise nehmen
- Sich für heikle Unternehmungen anderen Travellern anschliessen
- Unter einheimischen Personen die Gesellschaft einer Frau jener eines Mannes vorziehen (z. B. sich auf einer längeren Busfahrt neben eine Frau setzen)
- Für unverheiratete Frauen: einen falschen Ehering tragen

Caroline Fink, geboren 1977, studierte Soziologie, Publizistik und Germanistik in Zürich. Reisen in unentdeckte Winkel wie Nepal, Kirgistan und Grönland sowie auch längere Auslandaufenthalte waren prägende Erfahrungen und schärften ihre Sinne für interkulturelle Fragen. Neben dem Reisen war die Autorin als freie Journalistin tätig. Sie arbeitet als Redaktorin in Zürich.

Ein grosses Danke an Chrigi für die geduldige Unterstützung; Dr. med. Danielle Gyurech und Dr. med. Anna Brunner für die fachkundige Hilfe; Martin, Esther und Suzanne für den kreativen Input; und nicht zuletzt meiner Familie für die schon früh vermittelte Freude am Reisen.